La meta secreta de los rosacruces

Jean-Pierre Bayard

La meta secreta
de los rosacruces

Traducción de Ramón Hervás

ROBIN BOOK

Título original: *La spiritualité de la Rose-Croix.*
© 1990, Éditions Dangles, St-Jean-de-Braye (France).
© 1991, Ediciones Robinbook, SL.
  Aptdo. 94.085 - 08080 Barcelona.
Diseño cubierta: Regina Richling.
Fotografía: AISA.
ISBN: 84-7927-032-2.
Depósito legal: B- 44.184-1991.
Impreso por Libergraf, Constitució, 19, 08014 Barcelona.

Impreso en España - *Printed in Spain*

A Jean-Claude Janet,
al pintor, al amigo,
con la mayor admiración.

Lumière, de Jean-Claude Janet (pintura de 94 x 56 cm).

La Rose-Croix, pluma de Michel Mille.

Introducción

Entre 1614 y 1620 Europa se apasionó por un personaje mítico, fundador de la enigmática Fraternidad de la Rosacruz, el cual maravilló, inquietó y suscitó los comentarios más contradictorios. Durante este período de seis años, aparecieron más de cuatrocientos panfletos y hojas aclaratorias. Los *Manifiestos* de esta sociedad, que no citan a sus responsables, son recopilados y traducidos, y circulan por los Estados europeos. Se habla de Cristián Rosa-Cruz, o Christian Rosencreutz,[1] nacido en 1378 y muerto en 1484 –a la edad de ciento seis años–, cuya sepultura no fue descubierta hasta ciento veinte años después de su muerte, tal como él mismo había anunciado.

Tres escritos anónimos dieron lugar a esta enorme avalancha: el primero de ellos, *La fama fraternitatis*, aparecido en Cassel en 1614; el segundo, *La confessio*, también publicado en Cassel en 1615, y finalmente *Las bodas químicas de Cristian Rosencreutz*, en el año 1622, el cual apareció simultáneamente en Alemania y en Estrasburgo. Unos anuncios pegados en las casas de París en 1622 resumen el espíritu de esta extraña Fraternidad: «Nos, diputados del Colegio principal de la Rosacruz, estamos haciendo una estancia visible e invisible en esta ciudad, por la gracia del Altísimo, hacia el cual se vuelve el corazón de los Justos a fin de sacar a los hombres, nuestros semejantes, del error de la muerte».

Uno se pregunta por esos hombres que pueden hacerse invisibles, que pueden hablar cualquier lengua, que saben sondar el alma de cualquiera y que solamente se revelan a aquellos que buscan la iluminación interior.

¡Enigmáticos personajes! Circulan por nuestro mundo como seres normales, pero permanecen entre bastidores con su propia personalidad, la cual no se concibe y ellos no revelan.

¿Por qué ese nombre de Rosacruz? ¿Cómo asociar un instrumento de suplicio que resume todo el drama de la pasión de Cristo a la gracia y frescura de la rosa? ¿Puede el crisol de la efímera belleza imponerse al peso de la cruz eterna? Porque la cruz, con su fuerza, con su impulso ascensional cortado por la estabilidad humana, nos orienta hacia un devenir misterioso: la potencia binaria. La cruz es un objeto sagrado, signo de adhesión, y sus cuatro brazos, que crean un movimiento como el de la rueda del sol, son dinámicos. La rosa no es más que la manifestación de esta vida fugaz: un perfume que se desvanece. La Cruz, que es también la muerte, ¿puede recibir la rosa, la vida? Estos hombres no temen mezclar lo frágil a lo eterno. Los cuatro brazos hacen aparecer en su conjunción este quinto punto, el número del hombre, un centro secreto, revelación de la femineidad, de la Dama abstracta. Y entonces la Belleza deviene eterna, el sufrimiento no es más que amor. El instante fugaz y la inmortalidad se confunden y la rosa en la cruz es una gota de sangre que renace.

Este concepto nos lleva a las extraordinarias posibilidades del arte hermético. Estas manifestaciones no son ensoñaciones de espíritus exaltados o patrañas de mixtificadores. Son el fruto de un clima espiritual, político y religioso. Estos textos extraños no nacen bruscamente, escritos por un solo hombre. Reflejan la aspiración espiritual de un grupo comprometido en las dificultades de la vida y en sus múltiples componentes, el eco de unos hombres que desean hacer oír sus voces y, al mismo tiempo, permanecer discretamente apartados. Pueden temer la hoguera, la represión, pero observan también el secreto iniciático porque saben bien que esas vías no son visibles ni comunicables. Para comprenderlos es preciso penetrar en su reino y devenir uno de ellos.

En el sentido hermético de estos escritos se superpone la trama de los acontecimientos contemporáneos a los cuales debían enfrentarse. Es en Alemania, alrededor del año 1600, cuando esta asociación de la Rosacruz toma cuerpo. La atmósfera de la corte de Rodolfo II, muerto en 1612, no puede ser desdeñada. Aquel, o aquellos, que escribieron los tres Manifiestos no hicieron sino recuperar unos símbolos eternos –en particular la Rosa y la Cruz– para vehicular a través de los mismos un pensamiento hermético propio del Renacimiento. Supieron, además, hacer misterioso su hermetismo. Particu-

Supuesto retrato de Christian Rosencreutz.

El emblema de la Rosacruz,
según Oswald Wirth.

larmente me adhiero al pensamiento del profesor Antoine Faivre: Andreae, presumiblemente el autor de estos escritos, fiel reflejo de su época, no es más que el portavoz de una sociedad secreta, oculta, cuya autoridad central, de pronto, hubiera decidido revelarse. Este grupo no se refiere a antiguos misterios, a antiguos rituales, pero se sitúa en el naciente siglo XVII, apoyándose sobre unos símbolos que son eternos. El fenómeno de la Rosacruz está unido a aquella otra corriente de pensamiento ilustrada por Paracelso, Fludd o Maïer.

Podemos igualmente preguntarnos qué es un rosacruz. Uno de los primeros testimonios sigue siendo el de Gabriel Naudé (1600-1653), quien, a petición de Luis XIII, emprendió unas indagaciones sobre este cenáculo misterioso, las cuales dieron que hablar. Gabriel Naudé, bibliotecario protegido de Richelieu, informa objetivamente lo que consiguió averiguar:

«Los Hermanos de la Rosacruz se comprometen especialmente a ejercer gratuitamente la medicina, a reunirse una vez cada año, a celebrar sus asambleas en secreto. Pretenden que la doctrina de su maestro es la más sublime que imaginarse pueda, que ellos son piadosos y cabales en grado sumo, que conocen por revelación a aquellos que son dignos de estar en su compañía, que no están sujetos ni al hambre ni a la sed ni a las enfermedades; que mandan a los espíritus y a los demonios más poderosos; que pueden atraer a ellos, por la sola virtud de sus cantos, a las piedras preciosas; que han hallado un nuevo idioma para expresar la naturaleza de todas las cosas; que confiesan que el papa es el Anticristo; que reconocen como su jefe, y como al de todos los cristianos, al emperador de los romanos; que disponen de más oro y plata que la que extrae el rey de España de sus rentas de las Indias, puesto que sus tesoros jamás pueden agotarse...»

Descubramos el sentido secreto de este discurso...

1. Los tres «Manifiestos» alemanes

Podemos interrogarnos acerca de este emblema tan misterioso: la Rosa sobre la Cruz. Podemos también buscar respuestas en los tres escritos misteriosos que aparecen en Alemania, a partir de 1614, sin nombre de autor. Unas revelaciones poco explícitas que no revelan los arcanos de la Fraternidad y que hacen de esos relatos míticos una fuente de interrogaciones. Se podrá desvelar en parte el anonimato de los autores, pero el pensamiento de los mismos permanece hermético.

Así pues, situemos históricamente los hechos a partir de *La fama* (1614), *La confessio* (1615) y *Las bodas químicas de Christian Rosencreutz... anno 1459* (1616).

«La fama»

Es en Cassel, editada por Wessel, donde aparece en 1614 *La fama*, bajo el título de:

«Allgemeine une General Roformation, der ganzen Weiten Welt, Beneben der Fama Fraternitatis, *des höblichen Ordens des Rosenkreutzes, um alle Gelehrte und Häupter Europa geschrieben. Auch eine kürtzen Responsion von dem Herrn Haselmayer gestelt, welcher desswegen von den Jesuitern ist gefäfanglich eingezogen, und auff eine Galleren gesmiedet. Itzo öffentlich in Druck versetiget, und allen trewen Hertzen comuniceret worden Gedrucht zu Cassel, durch Wilhelm Wessel, Anno MDCXIV».*

Título que podría traducirse así:

«Común y general reforma de todo el amplio mundo, seguida de *La fama fraternitatis* de la orden, elogio de la cruz de Rosa, dirigida a todos los sabios y jefes de Europa. Se añade una corta respuesta del señor Haselmayer, quien, a causa de esto, ha sido arrestado y preso por los jesuitas y puesto a hierro en galeras. Presentemente publicado, impreso y comunicado a todos los corazones fieles de Europa.»

Una viñeta precede al título: el dibujo de una serpiente enlazada a un ancla. El volumen, de 147 páginas, contiene una epístola a los lectores, la Reforma General, que es una sátira de las reformas sociales y morales. En ella se afirma que la Redención no puede ser llevada a cabo por las Iglesias, sino solamente por una religión del corazón, por un impulso místico. Después de un comentario sobre el bautismo y tras establecer un paralelismo entre la Biblia y las enseñanzas de Platón, de Aristóteles y de Pitágoras, el texto se alza contra los «aventureros y malandrines» que pretenden fabricar oro cuando esta industria, «atea y maldita», para los verdaderos sabios no es más que una búsqueda accesoria.

En realidad se trata solamente de la traducción alemana de un extracto de *Ragguagli di Parnaso*, una obra satírica de Traiano Boccalini publicada en Venecia en 1612.

En su segunda parte, *La fama* contiene el relato de la vida del hermano CR, cuyo nombre exacto sólo será revelado más adelante. En un tono de humor, se hace un llamamiento a todos aquellos que quieran compartir la misma búsqueda espiritual.

Los planes de reformas sociales, lo mismo que los sátiros, abundaban en aquella época. *La confessio* y *La fama* no hubieran tenido tanto eco si no hubieran consagrado la mayor parte de sus páginas a dar a conocer la biografía de su fundador epónimo, Christian Rosencreutz. Una biografía mítica, por descontado. Parece que los contemporáneos de aquel entonces, acostumbrados a los relatos utópicos (en todo el sentido del término), no se equivocaron. Fue mucho más tarde cuando los lectores ingenuos admitieron que Christian Rosencreutz había tenido una existencia real. Sólo el nombre que se le atribuye basta, nos parece, para hacernos dudar de toda aproximación histórica.

Veamos algunas etapas de esta vida simbólica. Nacido en 1378 a orillas del Rhin, de padres pobres pero nobles, Christian Rosencreutz es internado, a la edad de cuatro años, en una abadía donde aprende el griego, el latín, el hebreo y la magia. A los dieciséis años

Allgemeine vnd General
REFORMATION,
der gantzen weiten Welt.

Beneben der
FAMA FRA
TERNITATIS,

Deß Löblichen Ordens des
Rosenkreutzes / an alle Gelehrte
vnd Häupter Europæ geschrieben:

Auch einer kurtzen RESPONSION
von dem Herrn Haselmeyer gestellet / welcher
deßwegen von den Jesuitern ist gefänglich eingezogen / vnd auff eine Galleren ge-
schmiedet:

Itzo öffentlich in Druck verfertiget
vnd allen trewen Hertzen communiciret
worden.

Gedruckt zu Cassel / durch Wilhelm Wessell /
ANNO M. DC. XIV.

Portada original de *Fama Fraternitatis.*

y bajo la tutela de un hermano, parte en peregrinación hacia Tierra Santa. Su compañero muere en Chipre. Christian prosigue solo el viaje, pero la enfermedad le obliga a detenerse en Damcar, en Arabia, donde recibe la enseñanza secreta de los sabios. Éstos le curan, le confían los arcanos de la naturaleza y le conducen a su «ciudad filosófica», donde pasa tres años. Tras pasar un año allí, puede traducir un libro de M., que luego se lleva consigo. A continuación, Christian recorre el Líbano, Siria, Marruecos, permaneciendo durante un tiempo en Fez. Unos «habitantes elementales» le libran el conocimiento supremo. Christian recibe la misión de comunicar a la cristiandad la sabiduría que él acaba de adquirir y la responsabilidad de fundar una sociedad secreta que «tendrá hasta la saciedad oro y piedras preciosas, y que enseñará a los monarcas». Después de pasar a España, en un lugar salvaje, se retira del mundo durante cinco años. Recluta, al final de esta prueba, a tres fieles compañeros, tres «Mitbrüder» de los cuales sólo nos da las iniciales: hermano GV, hermano IA y hermano IO. Los tres le juran fidelidad y redactan, bajo su dirección, una serie de escritos fundamentales. Construyen el nuevo *Templo del Espíritu Santo*, curan a los enfermos y consuelan a los desesperados.

Siete años más tarde, el padre adopta a otros estudiantes de la santa ciencia y constituye así «la Fraternidad», en cuyo seno, para poder ser admitido, exigía ser soltero y casto.

Estos hermanos, *nobles viajeros*, parten en misión a través del mundo, pero se reúnen anualmente en un lugar misterioso: el templo del Espíritu Santo.

Y dice *La fama*: «Estos hombres, dirigidos por Dios y por toda la máquina celeste, elegidos entre los más sabios de varios siglos, han vivido en la unión más perfecta, en el más grande mutismo y en la más grande bondad».

Según la traducción de Bernard Gorceix,[1] éstas son las señas de unión de aquellos hermanos que viajaban entre los diversos países:

1. Prohibición de ejercer una profesión distinta a la de curar a los enfermos, a título benévolo.

2. Prohibición de obligar a llevar el hábito especial reservado a la cofradía, y adaptarse por el contrario a los usos locales.

3. Obligación para cada hermano de presentarse el día C en la sede del Espíritu Santo y, en caso de no ir, explicar por escrito el motivo de la ausencia.

4. Obligación para cada hermano de informarse sobre alguna persona de valor que pueda, llegado el caso, sucederle.

5. Las letras RC deben servirle de sello, de enseña y de siglas.

6. La cofradía debe permanecer ignorada durante un siglo.

«Juraron fidelidad absoluta a los seis artículos. Cinco hermanos se pusieron en marcha, sólo los hermanos B y D se quedaron junto al hermano C. Cuando éstos también hubieron partido, al cabo de un año, IO y su primo se quedaron con él, de modo que fue siempre asistido, durante toda su vida, por dos personas. Y, pese a lo mancillada que siguió siendo la Iglesia, conocemos no obstante su opinión al respecto, lo mismo que el objeto de sus esperanzas y de sus aspiraciones. Cada año se encontraban de nuevo con alegría y se relataban exhaustivamente sus empresas: momento sin duda lleno de emoción al escuchar el relato verídico y sin artificios de todas las maravillas que Dios no cesa de extender por el mundo.

»Su vida transcurrió en esta muy loable actividad; sin embargo, pese a que sus cuerpos estuvieran exentos de toda enfermedad y de todo dolor, sus almas no pudieron ultrapasar el término predestinado de la disgregación. El primer miembro de la Fraternidad que murió fue IO, en Inglaterra,[2] tal como años antes había vaticinado el hermano C. Estaba muy versado en la cábala, era de una erudición particularmente profunda, como testimonia su pequeña obra titulada H.[3] Su fama en Inglaterra era muy grande, en particular porque curó la lepra a un joven conde de Norfolk.[4] Los hermanos habían decidido mantener oculto, en la medida de lo posible, el lugar de sepultura, lo cual explica que nosotros lo ignoremos todavía, si bien sabemos que cada plaza vacante fue ocupada por un sucesor de valor.

»Después de la muerte de IO, el hermano C no cesó en su actividad. Convocó tan pronto como fue posible a los otros miembros y, nos parece probable, que fue en esa época cuando su tumba debió ser construida. Pese a que nosotros, los más jóvenes, ignorásemos absolutamente hasta entonces la fecha la muerte de nuestro padre bienamado RC, y que sólo tuviéramos posesión de los nombres de los fundadores y de todos aquellos que les sucedieron hasta llegar a nosotros, supimos sin embargo conservar en nuestra memoria un misterio que A, el sucesor de D, el último representante de la segunda generación, que vivió con gran número de los nuestros, nos confió a nosotros, representantes de la tercera generación, el misterioso discurso sobre los cien años. Confesemos por otra parte que, después de la muerte de A, ninguno de nosotros obtuvo el más mínimo detalle de RC y de sus primeros hermanos, aparte de cuanto relatan nuestra *Bibliothèque philosophique*, y, entre otros libros, nuestra *Axiomatique*, la obra para nosotros capital, los *Cycles du Monde*, la obra más sabia, y *Protée*, la más útil.

»Después del fallecimiento de A en la Galia narbonesa, NN le sucedió. Antes de salir de viaje, NN quiso restaurar la residencia y, durante el transcurso de esta tarea, se interesó por las placas conmemorativas de cobre amarillo y quiso transportarlas y colocarlas bajo otra cúpula. Pero sobre aquel cuadro había un clavo y, al tirar de él, provocó la caída de una piedra de la delgada pared "o incrustación", revelando así una puerta secreta sobre la cual aparecía escrito en grandes letras:

POST CXX - ANNOS PATEBO

indicando bajo ellas la vieja cifra del año.»

Muchos años después, un sucesor del hermano CR descubrió el mausoleo y lo describió en los siguientes términos:

«Por la mañana, abrimos la puerta y he aquí que apareció una sala en cúpula en forma de heptaedro. Cada lado tenía 7 pies de largo y su altura era de 8 pies. Pese a que los rayos del sol no llegaban jamás, esta sala estaba iluminada por otro sol, copiado del modelo del primero, que se encontraba en el centro del techo, muy alto. En medio de la sala, a guisa de lápida de tumba, había sido erigido un altar de forma circular, con una placa de cobre amarillo que llevaba inscrita este texto: "ACRC. Durante mi vida, me di por tumba esta abreviatura del universo. (ACRC *Hoc universi compendium minus mihi sepulchrum feci.*)".

»El primer círculo que servía de marco llevaba en su contorno la leyenda: "Jesús es mi Todo (*Jesus mihi omnia*)".

»La parte central contenía cuatro figuras encerradas en el círculo con las inscripciones:

»1. *Nequaquam Vacuum* (el vacío no se halla en ninguna parte).

»2. *Legis lugum* (el yugo de la ley).

»3. *Libertas Evangelij* (libertad del Evangelio)

»4. *Dei gloria intacta* (la gloria de Dios es intangible).»

Ésta es la descripción que hace de la sala:

«Divisamos la sala abovedada en tres partes: el techo o cielo, el muro o los lados, el suelo o el pavimento. No digamos ahora nada del cielo, sino que en su centro luminoso, hacia los siete lados, estaba dividido en triángulos (más vale que lo veáis vosotros, con vuestros propios ojos, si Dios lo quiere, vosotros que esperáis la salvación). Cada lado estaba subdividido en diez campos cuadrangulares, revestido cada uno de ellos de figuras y de sentencias particulares, que reproduciremos con los mayores cuidados y toda la precisión posible en nuestra obra *Compendium*. En cuanto al sol, estaba a su vez subdividido en triángulos que, por figurar el reino y los poderes del déspota inferior, no pueden ser revelados, por temor a que abuse de ellos el mundo impertinente y pagano (al contrario de lo que le ocurre a aquel que se acompasa con el oído celeste, que aplasta sin miedo y sin daño la cabeza de la vieja serpiente del mal, siendo ésta la tarea encomendada a nuestro siglo). Cada lado ocultaba una puerta que abría un cofre conteniendo diversos objetos, en particular todos los libros que poseemos, además del *Vocabulaire* de Theoph. P. ab Ho[5] y diferentes escritos que difundimos lealmente, entre otros su *Itinerario* y su *Vida*, esta última, fuente principal de todo cuanto precede. Otro cofre contenía unos espejos de múltiples propiedades, campanillas y lámparas, en particular; otros contenían partituras de cantos maravillosos, todo ello acomodado de tal forma que se pudiera, sobre la sola base de esta sala abovedada, después de varios siglos, en el caso de que llegara a desaparecer, reconstruir enteramente la orden o la cofradía. Sin embargo, nosotros no habíamos

Jesús es mi todo (*Jesus mihi omnia*).

visto todavía los despojos mortales de nuestro padre, tan escrupuloso y sabio. Así que desplazamos el altar y alzamos una gruesa placa de cobre. Vimos entonces un bello y glorioso cuerpo, todavía intacto, sin la menor traza de descomposición, absolutamente conforme al retrato que lo representa vestido de todos sus ornamentos y adornos. Tenía en la mano un pequeño libro de pergamino, con letras de oro, llamado T., el cual despues de la Biblia es nuestro tesoro más preciado, y que no conviene someterlo imprudentemente a la censura del mundo.»

Después siguen unas consideraciones filosóficas y religiosas: «Nosotros celebramos igualmente los dos sacramentos instituidos por la primera Iglesia reformada, con las mismas fórmulas, con las mismas ceremonias». De hecho es recuperar la fe luterana contra los «entusiastas».

La fama reprueba la acción atea y condenable de los hacedores de oro. Escuchemos, siguiendo con la traducción de Bernard Gorceix, esta reprimenda que clama con voz potente y que apunta sin duda hacia los abusos de la Iglesia de Roma:

«En cuanto a lo que actualmente concierne al gran éxito del arte impío y maldito de los hacedores de oro, que incita particularmente a una horda de halagadores evadidos de las cárceles, bien maduros para el patíbulo, a cometer grandes granjerías abusando de la buena fe y de la ingenuidad de muchas gentes, hasta el punto de que algunas creen en su probidad que la *transmutación metálica es el summum* y el *hecho* de la filosofía, a la que es preciso consagrarse enteramente, y que la fabricación de masas y de lingotes de oro es una actividad que a Dios le place muy particularmente –mediante plegarias irreflexivas, a través de expresiones sufridas y frustradas, esperan conquistar un Dios cuya omniescencia penetre en todos los corazones–, he aquí lo que nosotros públicamente proclamamos: estas concepciones son erróneas. De acuerdo con la opinión de los verdaderos *filósofos*, la fabricación del oro no es más que un *trabajo preliminar*, de poca importancia, un trabajo más entre el millar de tareas que tienen en su saco, y que son mucho más notables. Nosotros repetiremos las palabras de CRC, nuestro padre bienamado: "¡Bah! ¡Oro, nada más que oro!"". De hecho, aquel a cuyos ojos se abre la naturaleza entera no se regocija de poder hacer oro y alimentar así a los diablos sino que, según las palabras de Cristo, se regocija de ver abrirse el cielo y contemplar a los ángeles subir y bajar, ver su nombre inscrito en el Libro de la Vida.»

El final del mensaje dice:

«... Pese a que no hayamos actualmente indicado ni nuestro nombre ni nuestra asamblea, es cierto que las *opiniones* de todos, sea cualesquiera la lengua en que estén redactadas, llegarán a nosotros. Y que todos aquellos que hayan indicado su nombre no dejarán de poder hablar de viva voz, o, si tienen dudas, podrán hacerlo por escrito con cada uno de nosotros. Nosotros proclamamos al contrario la declaración siguiente: cualquiera que abrigue hacia nosotros una actitud seria y cordial, aprovechará para su bien, en cuerpo y alma; al contrario, cualquiera que sea falso en su corazón, o codicioso, no nos causará absolutamente ningún mal, y se hundirá en una miseria extremadamente profunda. Es necesario que nuestra residencia, aun cuando cien mil hombres hubieran podido contemplarla de cerca, permanezca virgen, intacta, desconocida, cuidadosamente oculta, para la eternidad, a los ojos del mundo impío. *A la sombra de tus alas*, Jehová.»[6]

A continuación de este mensaje figura la respuesta de Adam Haselmayer, dirigida a «la loable Fraternidad de los Teósofos de la Rosacruz». Pese a que *La fama* nos presente esta firma como si fuera la de un ser viviente, la del secretario del archiduque Maximiliano, gran dignatario condenado a galeras por los jesuitas, entrevemos que nos hallamos en presencia de un mito que permite desarrollar las ideas de *La fama*. Haselmayer responde a esos «hombres apostólicos» comentando sus entusiasmos y sus terrores, ya que tuvo conocimiento de la Fraternidad en 1610, a través de un manuscrito, es decir cuatro años antes de la publicación del opúsculo: «Vosotros sois los hombres actualmente elegidos por Dios para extender la eterna verdad teofrástica y divina milagrosamente reservada hasta este día, quizás en consideración al tiempo del Artista Elías.» Se profetiza así el advenimiento de un cuarto imperio, el del Espíritu Santo, por el retorno sobre la tierra del profeta Elías. Haselmayer predice la caída del papa, de los prelados y de los jesuitas, mientras que Jesús regresará triunfante: esta transformación debía desarrollarse entre 1612 y 1614. En la *Respuesta de Haselmayer*, se pide que los Hermanos de la Rosacruz se manifiesten públicamente.

Hemos expuesto a grandes rasgos esta «leyenda dorada». El carácter mítico de Christian Rosencreutz es admitido por la mayor parte de historiadores de la Rosacruz. Sin embargo, la imparcialidad nos obliga a señalar una opinión opuesta. Un júnker bátavo, Roesgen von Floss, personalidad honorable y ponderada, afirmó a Wittemans:[7]

Los justos son admitidos a la contemplación de Jehová.

«Según una tradición que existe en la familia Von Roesgen Germelshausen, sus miembros se contaban entre los iniciados en los misterios germánicos; el asesinato en 1208 del legado pontificio Pierre de Castelnau dio al papa Inocencio III el pretexto para confiar a los dominicos la misión de exterminar la orden de los albigenses. El castillo de Germelshausen fue asediado, incenciado y saqueado. Toda la familia fue exterminada de la forma más bárbara. El vástago más joven, Christian, escapó y pudo huir, dirigiéndose siempre hacia el Este. Ayudado por sus correligionarios, habría finalmente llegado a Turquía y Arabia, donde se le juzgó digno de serle revelados los secretos de la orden de los Rosacruz, que desde mucho tiempo antes florecía en aquellas tierras. De vuelta a Europa, Christian renunció a su apellido para adoptar el de Rosencreutz.»

La fama suscita una asombrosa controversia. Este texto a veces oscuro, que solamente podía ser considerado por los especialistas, en la actualidad nos parece bien anodino. En aquella época, sin embargo, constituyó un verdadero éxito de librería. Es un período de agitación espiritual, sometido a la influencia de Lutero y Calvino. Todo el mundo está al acecho de la herejía de su vecino. La rebelión gruñe en muchos corazones, pero se teme al mismo tiempo al poder de los jesuitas, a la fiera determinación de la Inquisición. Por ello comprendemos las precauciones que adoptan para expresarse en términos velados, sin nombre de autor. Eran unos tiempos en que sólo se podía pensar en silencio. Todo lo más que uno podía afirmar es que no formaba parte de la Fraternidad ni conocía a ninguno de sus miembros.

«La confessio»

La confessio aparece en 1615, gracias al mismo editor, en Cassel. Es un opúsculo de 12 páginas. El título de la primera edición es:

«Secretioris Philosophiae Consideratio Brevis a Philipp a Gabella, Philosophiae St (studioso ?) conscripta, et nune primum una cum Confessione Fraternitatis R.C. in lucem edita Cassellis, Excudebat Guilhelmus Wesselius III^{mi}, Princ. Typographus. Anno post natum Christum MDVXV.»

El volumen comprende la *Consideratio Brevis* de Felipe a Gabella, dedicada a Bruno Carolus Uffel, en nueve capítulos cuidadosamente establecidos, seguidos de una oración. La obra está basada sobre la *Mona hyeroglyphica* de John Dee. Luego sigue la *Confessio Fraternitatis RC, Ad Eruditos Europae*, en catorce capítulos.

La confessio no desvela la clave sobre la exaltación mística suscitada por el fin inminente del mundo: Dios ha enviado unos signos. Nuevas estrellas aparecen en las constelaciones de la Serpiente y del Cisne. *La confessio* señala la necesidad de desprenderse del imperio del papa, al que llama «el engañador, la víbora, el Anticristo»; preconiza la necesidad de estudiar las Sagradas Escrituras; el hombre debe seguir la vía cristiana predicada por la Fraternidad, la cual sin embargo no puede revelar su mensaje al elegido hasta haberse producido un decreto especial de Dios.

En esta época, unos grupos de hombres –los iluminados– anunciaban a su vez el fin del mundo. Predicaban en las aldeas para preparar a la humanidad al advenimiento del Espíritu Santo. Puesto que la Fraternidad de la Rosacruz reconocía que para ser salvado antes uno debe haber sido elegido, se establecía la creencia de que no todos los hombres pueden acceder a la salvación eterna.

Nos enteramos también de que la cofradía utiliza una escritura mágica y secreta, que se interesa por la astrología no obstante rechazar el sistema de Tolomeo, que su aliento mesiánico es innegable.

Bernard Gorceix también ha traducido *La confessio*.[8] Veamos qué dice respecto a la escritura:

«Estos *caracteres* y estas letras, que Dios no ha cesado de incorporar a la Sagrada Biblia, igualmente las ha impreso con toda nitidez en la maravillosa criatura que son los cielos y la tierra, y en todos los animales. También, al igual que un matemático y un astrólogo pueden prevenir con mucha anticipación los eclipses que han de producirse, nosotros podemos descifrar y reconocer precisamente la naturaleza y la duración probable de los períodos de *oscurecimiento* y de tinieblas por las cuales atraviesa la Iglesia. Hemos tomado prestadas de esas letras nuestras escrituras mágicas, y ellas han servido de base a la elaboración de una lengua nueva que nos permite expresar y explicar simultáneamente la naturaleza de todas las cosas. Por ello nuestro poco de sutilidad en el conocimiento de otras lenguas no debe sorprender a nadie: sabemos que este conocimiento no puede sufrir comparación alguna con la lengua de nuestro primer Padre, Adán, y ni siquiera con la de Enoch, lenguas ambas que se perdieron en la confusión babilónica.»

Henoch, o Enoch, era, según la geneología del Génesis, el séptimo patriarca (V, 1-32). Hijo de Yered, concibió a Matusalén a la edad de 75 años. «Henoch vivió 365 años. Caminó al lado de Dios y luego desapareció porque Dios se lo llevó» (Génesis, V, 23-24). Se ve en él «un prodigio de ciencia para todas las generaciones». Su nombre significa *el hábil*, pero el Corán lo transforma en «el sabio». (Sura XIX, 57-58).

El *Libro etiope de Enoch* parece ser una versión anterior a la *Epístola de Judea*, donde aparece una cita del mismo. Este libro, compuesto por cinco partes escritas en arameo, es de gran importancia teológica. Además de las bases de un calendario solar, presenta como juez del Último día a un personaje misterioso al que llama indistintamente el «Elegido de justicia y fidelidad» o «hijo del hombre».

Existe igualmente un *Enoch hebreo* que, bajo el nombre de *Metatrón*, revela al rabino Ishmael ben Elisha la *Merkabah*, es decir, el carro-trono de Dios (Ezequiel, I-III). Existe también el *Libro eslavo de Enoch* o *Libro de los secretos de Enoch*, que comenta las revelaciones de Enoch y su rapto en el cielo.

Este texto, parcialmente conocido durante un largo período, intrigó a los comentaristas. No fue hasta 1821 que un profesor inglés, el doctor Laurence, de Oxford, publicó una traducción. Silvestre de Sacy hizo un informe de la misma en el *Journal des savants* (septiembre y octubre de 1822), tras lo cual se convirtió en un tema fecundo de críticas y discusiones teológicas. Es sin duda en esta época cuando penetra en los rituales masónicos. Enoch no tiene el lugar privilegiado que se reserva a los dos Juanes. El Evangelio de Juan preside durante los trabajos de las logias, pero René Guénon ha observado[9] que «hasta el grado 13 del Rito Escocés Antiguo y Aceptado –en relación con el *Royal Arch of Henoch* del rito inglés– la "palabra recuperada" está representada por el mismo tetragrama, inscrito sobre una placa de oro depositada en la novena bóveda, y que ese depósito se atribuye a Enoch».

Lo que nos interesa es que el *Libro de Enoch* está «considerado como parte integrante del conjunto de los libros herméticos», escribe René Guénon.[10] En la tradición islámica, el profeta Idris es identificado como Enoch. Tanto uno como el otro, transportados vivos al cielo, son considerados como los poseedores de las ciencias alquímicas y astrológicas. Hay una estrecha conexión entre Enoch, Idris y Elías, ajenos los tres a la muerte corporal y subsiguiente descomposición de la carne. Los tres tienen también una correspondencia con el fuego o con el sol. *Elías Artista* preside igualmente la gran obra alquímica y reside en la «ciudadela solar» definida por los rosacruces. En ese «centro del mundo» donde residen los Inmortales, recuperamos el estado primitivo de la humanidad. Es la Jerusalén celeste y esta supervivencia de la filiación masonería/rosacruz se muestra bien en evidencia en ese depósito de la novena bóveda, y, por otra parte, unos relatos afirman que Enoch guardó todo el saber humano en la gran pirámide de Egipto. Christian Rosencreutz depositó también el *Libro de la Vida* en su tumba.

En el transcurso de esta reflexión sobre el «rapto» de Enoch/Idris/Elías, se nos ocurre pensar también en los comentarios que hacen de Juan Bautista la reencarnación de Elías. Aunque los textos sagrados no afirmen categóricamente esta reencarnación, se puede concebir que estos seres de excepción pertenecieron a la misma familia espiritual, tal como lo ha observado René Guénon.[11]

Estos «estados sutiles» del ser penetran en el orden cósmico y todas las tradiciones iniciáticas mencionan ese lugar secreto, ese «huevo del mundo» donde toda vida adquiere forma. En cada templo pasa un eje del mundo, haciendo de ese lugar privilegiado el centro más sagrado donde las influencias marcan a los individuos, tal como lo indican el druidismo y el hinduismo.

Valsan, continuando el pensamiento de René Guénon en una serie de artículos publicados por *Etudes Traditionnelles*,[12] trata de la «realización descendente» y, más particularmente, de los últimos altos grados del rito escocés en función de ese simbolismo «descendente» por el cual es necesario transmitir lo aprendido. Con esta función de Santo Imperio, no retendré más que lo relativo a la «deslumbrante luz del Consejo Supremo». La hora simbólica de la clausura de los trabajos queda definida así: «El Sol de la mañana ilumina el Consejo.» El gran comendador prosigue: «Puesto que el Sol se alza para iluminar el mundo, levántemonos, Ilustres Soberanos Grandes Inspectores Generales, hermanos míos, para ir a difundir las claridades de la Luz en el espíritu de aquellos que están en las tinieblas y para cumplir nuestra sublime misión de vencer o morir por el bien, la virtud y la verdad».

Valsan encuentra en otro ritual de clausura, citado por Ragon,[13] otra forma que se añade a la presente búsqueda. El gran comendador alza las manos y hace una invocación al «Dios glorioso y eterno, Padre de la Luz y de la Vida, muy misericordioso y supremo regulador del Cielo y de la Tierra», y concluye: «¡Pueda el santo Enoch de Israel y el Muy Alto y Muy Poderoso Dios de Abraham, de Isaac y de Jacob, enriquecernos con sus bendiciones, ahora y siempre!».

Valsan resume así su pensamiento: «Se constata que la autoridad espiritual que preside los trabajos del Supremo Consejo Escocés es el mismo profeta vivo que el Islam llama Idris y que hemos visto mencionado en el cuaternario de las funciones que figuran en la jerarquía suprema del Centro del Mundo... Como ya hemos dicho, Enoch-Idris está situado en el cielo del Sol, cielo que es el "Corazón del mundo" y el "Corazón de los cielos"».

Así pues, estos profetas pueden ser considerados como una representación del «polo». Como ya he indicado, tenemos ahí una filiación masonería/rosacruz, más particularmente con ese depósito del Libro del Conocimiento. Así no es asombroso que en el siglo XVI Enoch aparezca como el autor de libros alquímicos; mediante su magia, impregna las investigaciones mágicas y da un poder absoluto a las palabras. En *La simbólica del fuego* he señalado que del contraste entre la Luz y las Tinieblas nace el alfabeto sacro hieroglífico, el cual comporta veintidós letras que pueden ser las veintidós claves del *Tarot de los Gitanos*. Mencionemos los trabajos de Henry Khunrath, de Saint-Yves d'Alveydre, de Eugène Baillon. Este alfabeto Wattan –o «lengua de los ángeles»– es utilizado por los templarios del Agartha y Eugène Ballon escribe:

«Estas letras son los principios metafísicos de la Palabra increada, los arquetipos de todas las formas del arte, las claves de todas las posibles realizaciones artesanales, cuyo número es inconmensurable, e incluida la manifestación universal... Este alfabeto es tan eterno como el Veda, veintidós gestos metafísicos y sutiles emanando directamente de lo Informal, del cual es la síntesis viviente en tanto que es Palabra-Luz, Ritmo y medio de relación de un verbo silencioso entre los Ángeles y el Hombre Universal, entre los Santos y los Hombres dotados.»

Tras la concentración y la contemplación, quizás llegaríamos a esta unidad perfecta: «El matrimonio de Nama-Ruma, del Nombre y de la Forma, revela los signos puros, primeros arquetipos: tal alfabeto representa un nombre y una forma, una letra, un número, un trazo y, por encima de todo, el matrimonio íntimo de la esencia y de la sustancia».

La letra del fuego secreto anima el loto cardíaco Anatha. Es la luz astral que penetra el vocabulario mágico de la Rosacruz. Saint-Yves d'Alveydre habría recibido este alfabeto secreto de los iniciados hindúes. René Guénon reconocía la posibilidad de esta transmisión del alfabeto Wattan, sobre la cual Eugène Baillon escribió un libro no publicado y sin duda perdido,[14] en el cual yo había anotado: «Estos signos abren unos horizontes insospechados. Su estudio es provechoso tanto para el esoterista como para el artesano tradicional. Estas letras, o signos sagrados, de potencia sutil, son esencialmente morfológicos.

»Lo mismo que la Sepher Yetzirah, esta lengua de veintidós signos se compone de tres Madres constructivas, siete planetarios y doce zodiacales, o sea tres fundamentales, siete dobles y doce simples.»

Entre estos signos, expresión de la Palabra Divina, Eugène Baillon ha analizado más especialmente la quinta letra wattana Hé, «cuya forma es un círculo que se hace extrasectante en los dos cuernos del carnero». La *e* minúscula de nuestro alfabeto es la forma inversa de la misma. Porque, como nos dice el autor, «esta letra tiene su lugar en el Aries zodiacal, la punta es la del Trígono de Fuego, sobre el eje horizontal del Amleur. Es el fuego sagrado del cual Marte, su planeta correspondiente, se apodera para proyectarlo, lo que indica claramente su forma wattana espiralante, angulada y derecha, dardeada en flecha».

Con este fuego naciente reencontramos la pureza primitiva, la realización primordial, el amor espiritual cantado por los rosacruces. Es asombroso constatar como la Rosacruz cita al médium John Dee. Este hombre, nacido en Londres el 13 de julio de 1527, murió en 1608 después de haber establecido un alfabeto basado sobre las tabletas enochianas. En la revista de la *Tour Saint-Jacques* (n.os 11 y 12), Gérard Heym ha definido este «sistema mágico de John Dee», un sistema de cuadrados mágicos, como cuatro tableros divididos en doce veces trece cuadrados, los cuales se hallan reunidos en las cuatro esquinas de un quinto tablero mucho más reducido conteniendo cuatro cuadrados en el sentido de la altura y cinco en el sentido de la anchura. Como veremos, el erudito Mathers, nacido en 1854, y que llegó a ser emperador del Alba Dorada, parece servirse del lenguaje enochiano. Pierre-Victor se pregunta si Mathers no tuvo conocimiento de los manuscritos sloanos 3189-91 del Museo Británico.[15]

La confessio parece, a la vez, desvelar y enmascarar. Este texto ambiguo sin embargo pone el acento sobre este lenguaje adánico que permite descifrar el gran libro de la Naturaleza y comprender así el misterio de la creación. Es preciso poseer la gnosis.

La confessio da el nombre de Christian Rosencreutz, quien, hasta aquí, no figuraba más que por sus iniciales.

«Las bodas químicas»

Las bodas químicas de Christian Rosencreutz... anno 1459 apareció en Estrasburgo en 1616, sin nombre de autor, al cuidado del editor Zetzner. Este libro de ciento cuarenta y seis páginas en su edición alemana, muestra un episodio de la vida de Christian Rosencreutz, cuando contaba ochenta y un años. Durante siete días, este anciano, que vivía en una ermita, aceptó participar en unas terribles pruebas en las que debía franquear puentes, escalar escabrosas pendientes, y, además de las pruebas físicas, debía responder a las preguntas y dar fe de su pensamiento espiritual a fin de probar la autencidad de su realización.

Es un relato alegórico en el cual el símbolo aparece en cada frase. Aparte del tema alquímico, es menester referirse al valor del número, a esta búsqueda del conocimiento; la búsqueda es larga, sinuosa como en un laberinto, pero estos dédalos en absoluto carecen de magnificencia. Los intermedios musicales, el juego de las conversaciones, las cuestiones enigmáticas, adornan este relato de base iniciática, concebido como un ballet, que nos recuerda la búsqueda del Grial.

Las bodas químicas nos son accesibles por las traducciones de d'Auriger (Paul Chacornac, 1928), de Bernard Gorceix (*La Bible des Rose-Croix*, PUF, 1970), de Serge Hutin (Editions Le Primes, 1973). Citaré en diversos pasajes el texto de Serge Hutin.

La *primera jornada* comienza la víspera de Pascua, cuando, finalizada su plegaria, Christian Rosencreutz medita. «Un viento violento se alza alrededor de su morada, horadada en la Montaña. Una mujer, de admirable belleza, cubierta con un vestido azul constelado de estrellas y adornado con dos grandes y hermosas alas enteramente cubierta de ojos, le entrega una carta en la cual le invitan a asistir a las bodas reales. No es más que un invitado entre los demás elegidos, quienes deben salir de una torre por medio de una cuerda que solamente les es arrojada siete veces. Todos aquellos que han podido salir de su condición de prisioneros reciben una moneda de oro, medalla conmemorativa y viático, en la cual se halla grabada en la cara la imagen de un sol naciente mientras en la cruz lleva estampadas tres letras: DLS.

»Después me preparé pare el viaje, me puse mi vestido de lino

31

blanco y me ceñí una cinta de color rojo alrededor de los hombros, dispuesta en cruz. Fijé cuatro rosas rojas a mi sombrero, como signo de reconocimiento. Como provisiones de ruta, tomé pan, sal y agua, siguiendo los consejos del sabio, provisión que me fue de utilidad en diversas ocasiones.

»Pero antes de abandonar mi celda, me puse de rodillas, dispuesto para la marcha y vestido con mi traje de bodas, y rogué a Dios que agenciara todo para mi bien. Luego prometí a Él, frente a su faz, no servirme de las revelaciones que me fueran concedidas por su gracia y usarlas en provecho de mi honor y de mi celebridad en este mundo, sino para difundir Su nombre y para servir a mi prójimo. Habiendo pronunciado estos votos, lleno de esperanza, salí con alegría de mi celda.»

En la *segunda jornada*, Rosencreutz penetra en el bosque, pero, para alcanzar el palacio del rey, se le ofrecen cuatro caminos. La primera vía es breve pero peligrosa; la otra es larga pero fácil a condición de no dejarse desviar ni a derecha ni a izquierda, teniendo cuidado y utilizando una brújula; la tercera es la vía real, ornamentada de espectáculos reales, pero sólo un hombre de cada mil la ha emprendido hasta el momento; la cuarta vía, que lleva a la muerte del viajero, solamente conviene a los cuerpos incorruptibles. Nuestro sabio, no sabiendo qué camino decidir, sigue a un cuervo al que ve acosando a una paloma y se interna por una vía de la cual ya no puede volver atrás. Rosencreutz llega al Portal Real, entrega su invitación al portero y se da a conocer como hermano de la Rosacruz roja y le da su calabaza llena de agua. El portero mayor le entrega una insignia de oro que lleva las letras SC y una carta destinada al segundo guardián. Llega así a la segunda puerta, flanqueada de dos estatuas, la una alegre y la otra triste:

«La placa fijada a la parte superior contenía esta leyenda: *Date et dabitur vobis* (Dad y se os dará).

»Un feroz león estaba atado a aquel portal; se alzó en cuanto me vio, lanzando un gran rugido que despertó al segundo guardián, quien dormía sobre una losa de mármol. El guardián me exhortó a no sucumbir ni a la inquietud ni al miedo. Alejó al león, tomó la misiva que yo le tendía con mano temblorosa, la leyó y, después, inclinándose profundamente, me dijo: "Bien venido seas en Dios, tú el hombre al que yo quería ver desde hace tanto tiempo". Me presentó a continuación una insignia preguntándome si yo estaba en condi-

El león verde
(*Rosarium
philosophorum*).

ciones de pagar su precio. Comoquiera que yo no poseyera más que
mi sal, se la ofrecí y él la aceptó con gratitud. La insignia, también,
llevaba sólo dos letras: SM.

»Mientras, yo me volvía otra vez para examinar el portal, que
era talmente espléndido que el mundo entero no poseía otro pareci-
do. Los batientes se hallaban flanqueados por dos columnas que llevaban dos estatuas; una de ellas, alegre y con la inscripción *Congra-
tulator* (Yo felicito); la otra, triste, con la faz velada, y debajo la inscripción *Condoleo* (Yo compadezco). En una palabra se veían unas
figuras y unas sentencias de sentido oscuro y oculto, que los hábiles
exégetas del mundo no hubieran podido descifrar. Pronto las descri-
biré y desvelaré, con tal que Dios me lo permita.

»Al franquear el portal tuve que decir de nuevo mi nombre y fui
inscrito, en el último lugar, en un libro de pergamino destinado a ser
entregado a Su Alteza el Novio. Solamente entonces me fue entregada la primera y verdadera insignia reservada a los iniciados; era
de una talla ligeramente inferior a las otras, pero mucho más pesada.
Llevaba las letras SPN. Me dieron seguidamente un par de zapatos
nuevos, pues el suelo del castillo estaba enteramente enlosado de
mármol claro.»

Unos barberos le practicaron entonces una tonsura en lo alto de la cabeza y comenzó el banquete que permitía a los invitados restaurar sus fuerzas. Su grandiosidad evocaba el desfile del Santo Grial.

«Poco después, he aquí que en la puerta de la sala retumba el redoble de los tambores, acompañado de una fanfarria de trombones, trompetas y timbales, todo ejecutado con maestría, como para anunciar la llegada del Emperador romano. La puerta se abre sobre sus goznes, sola, y entonces el estruendo de las trompetas es apenas soportable. Mientras la sala se llena de varios millares –me parece– de pequeñas luces, que, para nuestro gran espanto, se mueven ellas solas en un orden riguroso, precediendo a los dos pajes (de los que hemos hablado) portadores de antorchas encendidas, e iluminando la entrada, vemos sobre un admirable trono triunfal de oro a una soberbia dama que me pareció ser aquella misma que precedentemente había encendido y luego apagado las luces en el camino, mientras que sus servidores eran los mismos que se encontraban a los pies de los árboles. La dama deslumbrante, blanca como la nieve, realzada por lentejuelas de oro, tenía un resplandor tal que no podíamos mirarla mucho tiempo. Los dos pajes llevaban unos vestidos análogos, pero menos resplandecientes.

»En cuanto hubo llegado al centro de la sala, una vez descendió de su trono, todas las luces se inclinaron ante ella. Enseguida todos nosotros nos levantamos de nuestros asientos, sin cambiar de sitio.»

La presidenta anunció que a la mañana siguiente la balanza de los artistas permitiría determinar a aquellos que eran dignos de participar en las bodas puras. Nueve compañeros, entre ellos Rosencreutz, decidieron abandonar aquel género de pruebas. Estos temerosos fueron encadenados.

En la *tercera jornada*, la presidenta, vestida de terciopelo carmesí, llevando un cinturón blanco y en su frente una verde corona de laurel, acompañada de doscientos guerreros uniformados de rojo y blanco, recompensó a aquellos que tuvieron conciencia de su miseria. Los imprudentes, en cambio, fueron pesados en la balanza de siete pesas, toda de oro. Los pesos materiales no podían igualar el peso de cada participante.

Finalmente, los nueve compañeros temerosos son igualmente pesados. Christian Rosencreutz triunfa de esta prueba, y uno de los pajes exclama a voz en grito: «¡Es él!», mientras el otro ordena: «¡Que se le devuelva entonces la libertad!». Y se le concede también la gracia de liberar con sus propias manos a otro de los prisioneros.

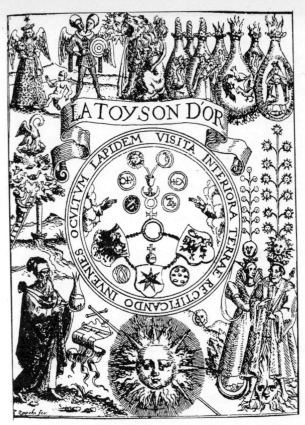

El Toisón de Oro, de S. Trismosin (1612, París).

«La presidenta observó la rosa que yo había desprendido de mi sombrero y que tenía en la mano; me la pidió graciosamente, por el intermedio de su paje. Yo se la di con alegría.»

Aquellos otros hinchados de impudicia debían ser castigados, en cuerpo y alma, según la gravedad de sus culpas. Aquellos que pudieron remontar victoriosamente estas pruebas, recibieron la orden del Toisón de Oro, durante una cena presentada por unos servidores invisibles.

Con los habituales sones de trompetas, la presidenta, luciendo las insignias del Toisón de Oro y del León, juzgó a los autores y lectores de libros falsos e imaginarios, «escritos que han servido para engañar y embaucar al prójimo, desviando a muchas personas de la dignidad real». A través de este juicio se decide que será establecido un *Catálogo de heréticos* y un *Index expurgatorium*. Algunos de los hombres que no han podido triunfar en la experiencia de la báscula son echados fuera.

Rosencreutz visita el castillo; admira en particular el fénix, la biblioteca –lugares ambos que no hubiera debido ver– y todas aquellas admirables salas dispuestas en semicírculo, «de manera que daban sobre el Reloj precioso que se hallaba en el centro, en la cima de una hermosa torre, para poderse orientar sobre la posición de los planetas...» Ve en el interior del «Globo» la arquitectura del Mundo. En el transcurso del banquete siguen unas preguntas, unas adivinanzas; tras la bendición, éste es el enigma que más especialmente merece ser destacado:

«Después de que nos hubiésemos paseado durante unos instantes por la sala, la presidenta nos preguntó si deseábamos ver comenzar las bodas. Uno de notros respondió: "Sí, noble y virtuosa dama".

»Entonces, mientras charlaba con nosotros, consultó en secreto a un paje. Se mostraba ya tan familiar con nosotros que yo osé pedirle su nombre. Mi curiosidad le hizo sonreír y, calmamente, me dijo: "La cifra de mi nombre es cincuenta y cinco, pero sólo comporta ocho letras. La tercera es el tercio de la quinta; si se suman la tercera y la sexta, se obtiene una cifra cuya raíz cuadrada supera en una unidad a la tercera letra, y que es la mitad de la cuarta. La quinta es idéntica a la séptima, la última a la primera, y la última sumada a la segunda igual a la sexta, que a su vez es igual al triple de la tercera más cuatro. Entonces, Monseñor, ¿cuál es mi nombre?".

»En absoluto me di por vencido, pese a que la respuesta me pareciera harto confusa.

»"Noble y virtuosa dama –le pregunté–, ¿no podría conocer solamente una letra?" "Sí –me respondió–, ello es posible."

»"Entonces, dígame la séptima."

»"Es –me dijo– el número de los invitados aquí presentes."

»Yo me contenté con esta respuesta y hallé sin esfuerzo su nombre. Ella se mostró muy contenta y añadió que, dentro de poco, se me harían otras revelaciones.»

En el anexo 2, «El enigma del nombre de la Virgen», al final del presente libro, hemos incluido una explicación matemática a este enigma. Rogamos al lector interesado que se remita a dicho anexo.

En la *cuarta jornada* los invitados debían ser presentados al rey y a la reina. Primero se lavaron en la fuente y luego bebieron un trago en una copa de oro: «Hermanos, bebed y vivid».

Por una escalera de caracol de 365 peldaños, alcanzaron una sala guardada por sesenta vírgenes. Cada uno de ellos llevaba una corona de laurel y podían finalmente ver al rey y la reina tronando en su majestad.

Después llegaron a una sala rectangular donde, sobre tres admirables tronos reales, se sentaban un viejo rey de barba gris –cuya esposa es de una belleza y de una juventud admirables–, un rey negro –en la fuerza de la edad–, teniendo a su lado a una viejecita de finos rasgos, y, en el centro, elevados en relación a los otros, dos adolescentes coronados de laureles.

Se observa también un libro encuadernado con terciopelo negro, dorado en los cantos, y a su lado una lucecita en un candelabro de marfil que arde sin cesar y que servirá para encender todas las otras luces; encima de un reloj, un líquido color rojo sangre mana continuamente de una fuente minúscula; de una cabeza de muerto sale una serpiente blanca.

Los neófitos asisten a la representación de una comedia en siete actos que ofrece numerosos temas de meditación. Después de la comida y tras que cada convidado haya bebido en una pequeña copa de cristal, se procede a la decapitación del viejo rey. Se envuelve su cabeza en un paño negro, se recoge su sangre en una gran copa de oro y se pone su cadáver en un ataúd. Los otros cinco personajes reales sufren la misma suerte. El hombre negro, el verdugo, es decapitado a su vez, pero la presidenta advierte que «esta muerte se transformará en una gran fuente de vida».

Los féretros son embarcados en unos navíos que, con sus seis gallardetes, se alejan mar adentro.

En la *quinta jornada*, Rosencreutz, con solamente la ayuda de su paje, penetra en una sala abovedada que «no recibe otra luz sino la del relumbre radiante de algunos carbúnculos de enorme tamaño». Una tumba, triangular, soporta en su centro un pilón de cobre pulimentado; todo lo demás es de oro y piedras preciosas. El pilón abriga un ángel que tiene en sus brazos un árbol desconocido, del cual se desprenden unas gotas que caen sobre la pila. En cuanto una de las frutas se suelta, se disuelve al instante en un agua que mana de tres vasos de oro anexos. Este pequeño altar reposa sobre tres anima-

Splendor Solis, de S. Trismosin (siglo XVI, Berlín).

La Virgen de los filósofos.

les –un águila, un buey y un león– que están encima de un zócalo muy precioso.

«Pregunté a mi paje el sentido de todo esto. "Aquí yace Venus –me dijo–, la bella dama que a muchos hombres de mérito arruina su dicha, honor, salvación y felicidad."

»Luego me mostró una trampa de cobre rojo que había en el suelo. "¡Sí tú lo deseas, bajemos!" "Yo os sigo a todas partes", le respondí. Descendimos pues los peldaños en la oscuridad. El paje abrió prestamente un pequeño estuche que contenía una diminuta lámpara perpetua, la cual utilizó para prender una antorcha: habían muchas por el suelo. Grande fue mi aprehensión puesto que yo me preguntaba, con ansiedad, si él tenía permiso para estar allí. "Como Sus Majestades reposan, no tengo nada que temer."

»Distinguí entonces un lecho con columnas, lujoso, cerrado con admirables tapices. Aparté uno de ellos y vi a la Dama Venus acostada allí en su desnudez (al mismo tiempo que abría la cortina alzó también el cubrecama), tan espléndida, tan bella que yo me quedé como paralizado. Y, aún ahora, me pregunto si la yaciente estaba absolutamente inmóvil. Me estaba prohibido tocarla.

»Después la tapó de nuevo y corrió la cortina. Pero su imagen quedó como grabada en mis ojos.

»Distinguí después, al pie del lecho, una placa que llevaba la inscripción hieroglífica siguiente:

Cuando el árbol habrá del todo
terminado de fundir, me despertaré
para engendrar
un Rey.

»La presencia de aquellas lámparas de pirita, ardiendo en cada esquina y en las que yo no me había fijado hasta entonces, formaban una luz tan clara que parecía proceder del resplandor de una piedra más que de una llama. El calor que desprendían, hacía, sin interrupción, que el árbol se fundiera. Pero éste no cesaba de producir nuevos frutos.»

La presidenta, llevando un vestido de terciopelo negro como el azabache, conducía la procesión alrededor de los seis ataúdes, guar-

El matrimonio del rey y la reina en la Gran Obra
(clave VI de Basilio Valentin).

dados por ocho hombres enmascarados, y los guiaba hacia un mausoleo soportado por siete columnas; cada uno de los sepulcros estaba formado por una piedra elevada, redonda y hueca; el conjunto estaba presidido por un estandarte decorado con la imagen del fénix.

Los postulantes son invitados a llevar su ayuda a la resurrección de los personajes reales que acaban de ser enterrados y, para cumplir esta misión, se embarcan en unos bajeles que bogan formando poliedros regulares. Para recibir la perla de una joven Nereida que va a su encuentro en el mar, los barcos surcan siguiendo la figura de un pentágono. Después, toda la comitiva de futuros iniciados llega a una isla que tiene la forma de «un cuadrado regular», rodeada de una muralla con siete torres que se interpenetran y que constan cada una de siete pisos; en la torre central se sitúa el laboratorio que les permitirá moler hierbas, piedras preciosas, realizar, en fin, todas las preparaciones necesarias para la resurrección de los cadáveres de los supliciados.

Después de una cena ligera, Rosencreutz se pasea solo y a medianoche ve surgir siete llamas que se posan en la cima de la torre. Enseguida, el viento y el mar se agitan tempestuosamente. Rosencreutz, asustado, corre a acostarse.

En la *sexta jornada* se da a cada invitado el cuidado de escoger entre escala, cuerdas y alas, a fin de poder acceder a un piso superior a través de una trampilla.

«La sala donde nos encontrábamos ocupaba toda la torre. Presentaba seis bellos oratorios ligeramente sobreelevados, a los que se accedía por tres peldaños; nosotros nos repartimos en ellos y nos ordenaron que rezáramos por la vida del rey y la reina. Durante todo el tiempo que duró la plegaria, la presidenta no hizo más que entrar y salir alternativamente por la puertecita.

»En cuanto hubimos cumplido con nuestro deber, doce personas –nuestros antiguos músicos– franquearon la pequeña puerta y dispusieron en el centro de la sala un extraño objeto de forma alargada, objeto en el cual nuestros compañeros creyeron descubrir una fuente. Pero yo me di cuenta de que contenía unos cadáveres: la parte inferior de la caja formaba un óvalo suficientemente grande para contener sin dificultad seis cuerpos tumbados los unos por encima de los otros. Después salieron para ir a buscar sus instrumentos e interpretar una agradable armonía musical a la entrada de nuestra señora y de su cortejo.»

41

Así describe una operación alquímica:

«La presidenta abrió entonces el estuche, que encerraba un objeto circular rodeado de un paño doble de seda verde. Lo puso en la pequeña caldera superior, la cual cubrió con una tapadera cuyo borde estaba lleno de agujeros, y después la regó con las aguas que habíamos preparado la víspera. La fuente se puso a funcionar haciendo manar su contenido por cuatro conductos, en una pequeña caldera.

»En cuanto a la parte inferior de la caldera, estaba cubierta de clavos acerados de los cuales las vírgenes colgaron sus lámparas. Éstas hicieron calentar la caldera y el agua se puso a hervir.

»En cuanto el agua hubo comenzado a borbotear, cayó gota a gota, a través de los pequeños agujeros, encima de los cadáveres. Su temperatura era tal que se disolvieron y se transformaron en líquido.

»Mis compañeros ignoraban aún qué podía ser aquel objeto superior, de forma circular, que seguía envuelto. Yo comprendí que era la cabeza del Moro y que éste era quien había comunicado a las llamas aquella temperatura tan alta.

Alquimista trabajando.

»Finalmente la fuente acabó por detenerse. La dama se hizo traer entonces un globo de oro. La fuente llevaba un grifo en su base, el cual permitía trasvasar al globo toda la materia disuelta por aquella temperatura tan elevada; había también varias medidas, de un color muy rojo. Una vez el agua restante contenida en la caldera superior se hubo vaciado, la fuente, notablemente aligerada, fue transportada a otro lugar. ¿La abrieron allí? ¿Contenía aún un residuo todavía utilizable procedente de los cadáveres? No puedo pronunciarme al respecto. Pero lo que sé es que el agua recogida en el globo pesaba tanto que entre seis –nuestro número– no hubiéramos podido levantarla, pese a que, a juzgar por su volumen, hubiese resultado imposible que rebasara la fuerza de un solo hombre. Cuando hube sacado el globo con no poco esfuerzo, nos dejaron solos.

»Después de la colación, nos pusimos de nuevo al trabajo, pues el globo ya se había enfriado suficientemente. No tuvimos más remedio, lo cual nos costó penosos esfuerzos, que soltarlo de su cadena y ponerlo en el suelo.

»Discutimos a continuación sobre qué procedimiento seguir para abrir el globo, pues nos habían ordenado que lo cortáramos en dos partes iguales. Finalmente decidimos emplear una punta de diamante.

»Cuando hubimos abierto el globo, toda la materia roja había desaparecido. En su lugar se encontraba un grande y hermoso huevo, blanco como la nieve. Estábamos en el colmo de la alegría ante aquel bello éxito de la operación. Pero la dama seguía preocupada, temiendo que la cáscara fuese todavía demasiado blanda.

»Nos habíamos agrupado en corro alrededor del huevo, como si fuéramos nosotros mismos quienes lo hubiéramos puesto. Pero la dama lo hizo sacar pronto, antes de abandonarnos, y, como siempre, cerrar la puerta al salir. Ignoro qué fue del huevo. ¿Lo utilizaba para fines misteriosos? No lo creo, aunque en realidad no sé nada.

»Tuvimos otro cuarto de hora de descanso y permanecimos juntos hasta que se abrió una tercera trampa. Ésta nos permitió alcanzar, con ayuda de nuestros accesorios, el cuarto piso o nivel.

»En esta sala había un caldero de cobre rojo lleno de arena amarilla, calentada por un simple fuego, y el huevo fue sepultado en la arena para que terminara de *madurar*. El caldero era de forma cuadrada; uno de los lados llevaba estos dos versos, grabados en letras mayúsculas:

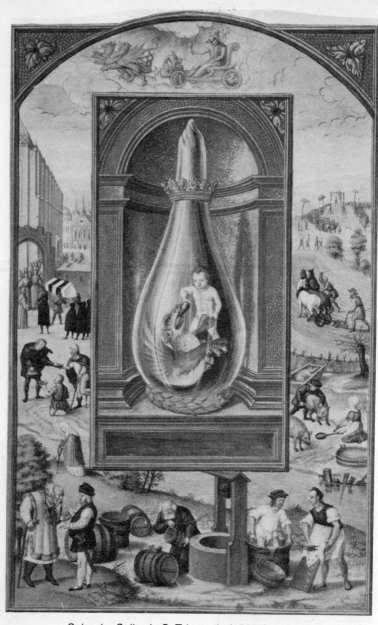

Splendor Solis, de S. Trismosin (1582, Londres).

O. BLI, TQ. BIT. MI, CI.

KANT. F. VOLT. BIT. TO. GOLT.

»En el otro lado se leían estas tres palabras: SANTIS. NIX. HASTA. (Salud. Nieve. Lanza.)

»El tercer lado llevaba sólo esta palabra: FIAT

»El último lado llevaba la gran inscripción siguiente:

QUOD: IGNIS, AER, AQUA, TERRA:
SANCTIS REGUM ET REGINARUM NOSTRUM
CINERIBUS, ERRIPERE NON
POTUERUNT. FIDELIS CHYMICORUM
TURBA IN HANC URNAM CONTULIT.

(He aquí: el Fuego, el Aire, el Agua, la Tierra:
A las santas cenizas de nuestros Reyes y Reinas,
Ellos no podrán arrancarla.
La turba fiel de los químicos
En esta urna está contenida.)

"1459. Paracelso de Hohenheim, doctor en medicina. JESÚS ES TODO PARA MÍ."

»Dejo a los sabios el cuidado de discutir sobre el significado de esta inscripción: la arena o el huevo. Yo aporto sin embargo mi parte, sin omitir nada.

»El huevo se pone así a punto, dispuesto a revelar lo que contenía. Nosotros no tuvimos que perforar la cáscara: el pájaro que abrigaba se liberó muy aprisa, expresando toda su alegría, pese a que estuviera todo sangrante y deforme. Lo pusimos primero sobre la arena caliente, cumpliendo la orden de la dama: ésta nos anunció grandes contrariedades si no lo nutríamos antes de preparle un lecho seguro, cosa que nosotros hicimos. Nos trajeron entonces su alimento, que no era sino la sangre de los decapitados, diluida de nuevo en un agua preparada. El pájaro se puso entonces a crecer ante nuestros ojos y por ellos comprendimos el por qué la dama nos había advertido. Mordía y arañaba en todas direcciones, con tanto furor que en pocos instantes hubiera terminado con todo aquel al que hubiera deseado atrapar. Se había puesto todo negro y estaba salvajemente agitado. Le trajimos un segundo plato, que consistía quizás en la sangre de otra real persona. Entonces todas sus plumas negras fueron reemplazadas por plumas blancas como la nieve. Luego se calmó un poco, como para dejar que nos acercáramos más fácilmente, sin justificar empero nuestra confianza. El tercer plato que se le sirvió dio a su plumaje los colores más espléndidos que yo hubiese tenido ocasión de contemplar en el transcurso de toda mi vida.

Ripley Scrowle (siglo XVI, Museo Británico).

El huevo filosófico, según Michel Maier (1568-1622). «Existe un pájaro, más sublime que todos los otros. No te preocupes más que de buscar su huevo y córtalo con una espada flamígera.»

Estaba ahora, además, completamente amansado y mostró tal dulzura para con nosotros que, de acuerdo con la dama, lo liberamos de sus ligaduras.»

La experiencia continúa así a través de las seis salas, a las cuales se debe siempre acceder por una trampa.

Pero es preciso alcanzar la séptima sala.

En broma, pero fingiéndose apenada, la presidenta designa a Rosencreutz y a tres de sus compañeros como cuatro operadores perezosos e indolentes. A causa de este título, los cuatro son excluidos de la séptima operación. Pero el asunto se desarrolla de una forma inesperada, puesto que en realidad son ellos los elegi-

El fénix (marca tipográfica de Louis Bégat; París, 1550) (Extraído de Bernard Roger, *A la découverte de l'alchimie*)

dos. De hecho, «el hombre no sabe jamás el bien que Dios quiere para él».

Los cuatro compañeros, con ayuda del agua y de las cenizas pasadas por el fuego, realizan dos bellas y pequeñas figuritas: un niño y una niña en cuyas bocas se vierte la sangre del fénix precedentemente creado. Los dos humúnculos crecen a ojos vista y no dejan de embellecerse en proporción.

«El acontecimiento se desarrollaba, como ya he dicho, debajo del techo, el cual tenía una forma verdaderamente extraña. Estaba formado en su parte inferior por seis semiesferas abovedadas, la de enmedio de un tamaño un poco mayor al de las otras, y agujereadas en su cima por un pequeño orificio circular, hasta entonces obturado, y que nadie había observado.

»En este momento mis compañeros fijaban sus ojos en las figuritas, mientras que mis preocupaciones estaban en otra parte. Así, cuando el adorno de follaje o corona que rodeaba el pabellón se hubo inflamado, vi abrirse el orificio del techo y una llama clara se precipitó a toda velocidad sobre el cadáver para incorporarse al mismo.

»En seguida la abertura volvió a cerrarse y la trompeta fue puesta de lado; mis compañeros fueron engañados por este truco,

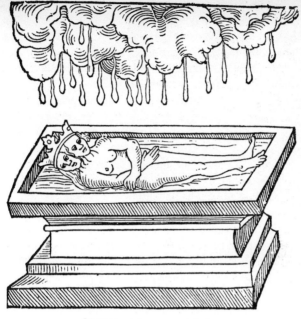

Símbolo del gran andrógino.

pues creían que le habían dado vida a la figurita por el fuego de la corona.

»En efecto, en cuanto el alma hubo penetrado en la figurita, ésta abrió y cerró los ojos, pero apenas se movió. De nuevo, el anciano se llevó una segunda trompeta a la boca, encendió la corona, y el alma bajó otra vez por la trompeta.»

La operación se repite tres veces: la pareja real resucitada es animada por las seis almas de los reyes decapitados.

El joven rey y la joven reina, después de haber sido vestidos de blanco, reciben hermosas vestiduras de vivos colores.

En la *séptima jornada* los convidados, vestidos con ropas amarillas y luciendo sus Toisones de Oro, son consagrados «caballeros de la Piedra de Oro» y juran a los jóvenes soberanos combatir sin cesar por la pureza. Christian Rosencreutz firma el libro: «La ciencia suprema es no saber nada. Hermano Christian Rosencreutz, caballero de la Piedra de Oro, 1459». Los elegidos abandonan la isla y se hacen a la mar. Su flota se compone de doce bajeles, abanderado cada uno de ellos con un signo del zodiaco. El rey y la reina, con sus quinientos barcos, van por delante con sus músicas, trompetas y tambores. Después van el viejo Maestro y Christian Rosencreutz, llevando cada uno «una bandera blanca como la nieve, marcada de una cruz roja», acompañando al rey y a la reina.

Se festeja a Rosencreutz, quien se beneficia de los más altos honores, pese a que se mantenga muy humilde. Pero el guardián de una de las puertas formula una súplica; astrólogo célebre, se ha convertido en guardián por haber contemplado tiempo atrás a la Dama Venus en su lecho. No puede ser liberado de su condición de guardián sino por el mortal que haya cometido la misma imprudencia que él, y, según los astros, ese día ha llegado.

En el transcurso del festín, Rosencreutz confiesa su falta al rey, quien, pese a todo su afecto, debe ponerlo como guardián del umbral. Rosencreutz, sintiéndose muy desdichado, debe conformarse a su función y se aleja del rey.

Pero veamos el último comentario de este curioso documento:

«Cuando todos me hubieron dirigido palabras amables antes de tenderme la mano, encomendándome a la protección de Dios, los dos ancianos –el dueño de la Torre y Atlas– me condujeron a una es-

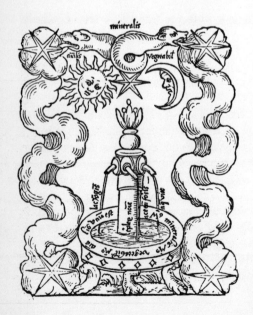

La fuente de la juventud (*Rosarium philosophorum*).

Duodécima clave de Basilio Valentin (Manget, *Bibliotheca Chemica Curiosa*, Ginebra, 1702).

tancia espléndida donde nos esperaban tres lechos. Nos acostamos los tres y pasamos casi dos...

»AQUÍ FALTAN DOS HOJAS IN-QUARTO; CREYENDO QUE ESTARÍA A LA MAÑANA SIGUIENTE EN EL PORTAL, ÉL (ENTENDAMOS: el autor de este libro) SE VOLVIÓ A SU PATRIA.»

Ignoramos, por lo tanto, qué ocurrió en la última estancia, pero el hecho es que Rosencreutz no se quedó en el portal sino que regresó a su patria. Esto significa que Rosencreutz, el elegido, pudo contemplar lo que otros humanos no pueden mirar. No puede ser castigado. Después de haber gustado la eternidad, después de haber penetrado en lo incomunicable, vuelve al mundo físico porque ahora tiene algo que transmitir. Aportará, según los términos de *La fama*, el mensaje de los Hermanos de la Rosacruz.

Los rosacruces en Francia

Estos manuscritos, más o menos válidamente traducidos, cruzaron las fronteras fácilmente. Fue así que en agosto de 1623 fueron pegados unos carteles sobre muchas paredes de París. Gabriel Naudé informa de estos hechos en su erudita y picaresca *Instrucción a Francia sobre la verdad de los Hermanos de la Rosacruz* (París, 1623):

«Hace alrededor de tres meses, dado que el rey estaba en Fontainebleau, el reino tranquilo y Mansfeld demasiado alejado para tener todos los días noticias, uno de los hermanos pensó que, puesto que nos faltaban discursos, bueno sería que todas las compañías se pusieran de acuerdo para suministrárnoslos, y así se optó por pegar en las esquinas este billete con seis líneas manuscritas: "Nosotros, diputados del colegio principal de los Hermanos de la Rosacruz, estamos haciendo una estancia visible e invisible en esta ciudad, por la gracia del Altísimo, hacia el cual se vuelve el corazón de los justos. Nosotros mostramos y enseñamos, sin libros ni marcas, a hablar todas las clases de lenguas del país en que queremos estar, para sacar a los hombres, nuestros semejantes, del error de la muerte".»

Naudé, curioso bibliotecario, mezclado tanto en las intrigas de la corte como en las de la ciudad, indica que los rosacruces reincidieron un poco después, pegando una nuevo cartel:

«Nosotros, diputados del colegio de Rosacruz, damos consejo a todos aquellos que deseen entrar en nuestra Sociedad y Congregación de enseñarlos en perfecto conocimiento del Altísimo, de parte del cual haremos hoy asamblea, y los volveremos al igual que nosotros de visibles a invisibles y de invisibles a visibles, y serán transportados por todos los países extraños a los cuales su deseo les lleve. Pero para acceder al conocimiento de estas maravillas, advertimos al lector que nosotros conocemos sus pensamientos y que, si le da la voluntad de vernos solamente por curiosidad, jamás comunicará con nosotros, pero que si la voluntad le lleva realmente a inscribirse en los registros de nuestra confraternidad, nosotros que juzgamos los pensamientos, le haremos ver la verdad de nuestras promesas, de tal forma y tan cabalmente que ni tendremos necesidad de darle la dirección de nuestra casa, puesto que los pensamientos, junto con la voluntad real del lector, serán capaces de darnos a conocer a él y de que nosotros le conozcamos.»

Decimoquinta plancha del *Mutus Liber*.

JE SUIS LA
ROSE de SARON
ET LE LYS
DES VALLÉES
CANT.2.V.1.

La cruz, la rosa y el nombre místico Emmanuel (*Symboles secrets des Rosicruciens des XVIᵉ y XVIIᵉ siècles*, Altona, 1785; reedición en la Bibliothèque Rosicrucienne, 1988).

Podemos imaginarnos fácilmente el revuelo que tal anuncio produciría. El clero estaba amoscado. Aquellos carteles tenían un tufillo de hugonote. No había ni una sola referencia a Cristo, a la Virgen o a los santos. ¿Qué significan ese «don de lenguas», esa expresión bíblica de «Altísimo»?

De la encuesta llevada a cabo por Gabriel Naudé se desprende que los rosacruces afirmaban:

«Que ellos están destinados a cumplir el restablecimiento de todas las cosas a un estado mejor, antes de que llegue el fin del mundo.

»Que poseen el grado supremo de la piedad y de la sabiduría y que, de todo lo que pueda desearse de las gracias de la naturaleza, ellos son sus apacibles poseedores y pueden dispensarlas según su mejor criterio.

»Que sea cualquiera el lugar donde se encuentren, conocen mejor las cosas que pasan en el resto del mundo que si ellas les fueran presentes.

»Que no están sujetos ni al hambre ni a la sed, como no lo están ni a la vejez ni a la enfermedad ni a ninguna otra incomodidad de la naturaleza.

»Que conocen por revelación aquellos que son dignos de ser admitidos en su sociedad.

»Que pueden en todo tiempo vivir como si hubieran existido desde el principio del mundo o como si debieran permanecer en él hasta el fin de los tiempos.

»Que tienen un libro en el cual pueden aprender todo lo que se halla en los otros libros existentes o por existir.

»Que pueden forzar a los espíritus y a los demonios más poderosos a ponerse a su servicio, y a atraer hacia ellos, por la virtud de su canto, las perlas y las piedras preciosas.

»Que Dios los ha cubierto de una nube para ocultarlos a la vista de sus enemigos y que nadie puede verlos, a menos que tenga los ojos más penetrantes que los del águila.

»Que los ocho primeros hermanos de la Rosacruz tenían el don de curar todas las enfermedades, hasta tal punto que se veían abrumados por la gran cantidad de afligidos que les llegaban, y que uno de ellos, muy versado en la cábala, como lo testimonia su *Libro M*, había curado de la lepra al conde de Norfolk, en Inglaterra.

»Que Dios ha decidido multiplicar el número de su compañía.

»Que han hallado un nuevo idioma para explicar la naturaleza de todas las cosas.

»Que mediante su poder, la triple diadema del papa será reducida a polvo.

»Que confiesan públicamente, sin ningún temor a ser castigados, que el papa es el Anticristo.

»Que condenan las blasfemias del Oriente y del Occidente, es decir, de Mahoma y del papa, y no reconocen más que dos sacramentos, con las ceremonias de la primera Iglesia, renovada por su congregación.

»Que reconocen la cuarta monarquía, y al emperador de los romanos como su jefe y como jefe de todos los cristianos.

»Que obtienen más oro y plata que la sacada por el rey de España de las Indias, tanto orientales como occidentales, y tanto más puesto que sus tesoros son inagotables.

»Que su colegio, al que ellos llaman Colegio del Espíritu Santo, no puede sufrir ningún menoscabo, ni siquiera aunque cien mil personas lo hubieran visto.

»Que tienen en sus bibliotecas varios libros misteriosos, uno de los cuales –aquel que es más útil después de la Biblia– es el mismo que el reverendo padre iluminado RC tenía en su propia mano derecha después de su muerte.

»Y, en fin, que están seguros y ciertos de que la verdad de sus máximas debe durar hasta el final del último período.»

La Verdad alzando el velo de la Ilusión.

Los emisarios de la Rosacruz dejaron filtrar nuevas informaciones, de las cuales Gabriel Naudé se hizo eco. Exponemos a continuación los «votos» que según Naudé comprometían a aquellos a los que se les comenzaba a llamar los hermanos del Invisible Colegio o, incluso, los Invisibles:

«Ejercer la medicina caritativamente y sin recibir de nadie ninguna recompensa.

»Vestirse según los usos del país donde uno se halle.

»Ir, una vez al año, al lugar de su asamblea general o aportar por escrito una disculpa legítima por su ausencia.

»Elegir, cuando sienta la necesidad –es decir, cuando le llegue la hora de la muerte–, a un sucesor capaz de ocupar su puesto y representarlo.

»Tener el carácter de la RC como signo de reconocimiento entre ellos y como símbolo de su congregación.

»Tomar las precauciones necesarias para que el lugar de su sepultura sea desconocido, cuando ocurra la contingencia de que uno de ellos muera en país extranjero.

»Mantener su sociedad secreta y oculta durante ciento veinte años y creer firmemente que, si ella cayera, podría ser reintegrada en el sepulcro y monumento de su primer fundador.»

Esta profesión de fe restó enigmática, principalmente para los parisinos. Reveló sin embargo la búsqueda de un solo poder temporal, de una única autoridad espiritual. Evocaba una edad de oro en un tiempo en que el clima cotidiano era la violencia, las guerras y los pillajes, mientras la Iglesia de Roma era la de César, vendiendo indulgencias con cinismo. Evoca también el sueño del Santo Imperio, el gran proyecto de los gibelinos, de los cuales Federico de Hohenstaufen, Dante y Joachim de Flore fueron los intérpretes.

Debemos, pues, investigar el espíritu de esta sociedad misteriosa y descubrir a aquellos que hubiera podido pertenecer a ella.

2. La primera generación
de los adeptos de la Rosacruz

La influencia de la alquimia

El período medieval, con las miradas vueltas hacia la gnosis y la búsqueda alquímica, quiso dar una explicación esotérica a los más profundos misterios. Así, la alquimia es ciertamente la corriente iniciática que más influyó a los rosacruces.

Desde el año 1200, los *Romans de la Rose*, y más especialmente el de Guillermo de Lorena (en 1260), terminado por Jean de Meung, satirizaron a los poderosos de este mundo y a los religiosos en unos relatos que contenían alusiones al hermetismo alquímico.

Hacia el 1250 debían existir diversas fraternidades rosicrucianas, muy útiles a los alquimistas para ayudarse entre ellos, comunicarse sus trabajos al abrigo de miradas excesivamente curiosas e ignorantes, las de los poderes públicos y religiosos. François Ribedeau Dumas[1] menciona que existía «una sociedad rosicruciana en Italia hacia 1410, una en Flandes hacia 1410, una en Alemania en 1459. Michael Maïer da la fecha de 1413 para la aparición de los rosacruces en Alemania, donde se asentaron en la localidad de Slesvig, en 1484». Su joya simbólica era una rosa sobre la cual se destacaba una cruz labrada en su centro; a veces se disponían cuatro rosas en el nacimiento de los cuatro brazos de la cruz, dejando el centro inocupado. El pelícano es también un símbolo muy extendido.

Entre las obras literarias importantes marcadas por el espíritu gnóstico y juanista, ninguna desdeña la aportación de la cábala para

El caballero de la rosa, Raymond Berenguer V, conde de Provenza.
Estatua de la iglesia Saint-Jean de Malte, en Aix-en-Provence
(Foto: Louis Laurent).

Maimónides, médico,
teólogo y filósofo judío
(1135-1204), cuya
metafísica inspiró a muchos
de los hermetistas
occidentales.

penetrar mejor en los dogmas cristianos. Citemos inmediatamente,
aparte del *Roman de la Rose*, la *Divina Comedia* de Dante, autor que
formaba parte de los *Fieles de Amor*, cofradía templaria. Citemos
también los numerosos libros sobre la *búsqueda del Grial*, el mejor
de ellos sin duda el ilustrado por Wolfram d'Eschenbach.

La Belleza es la potencia transfigurante que lleva al amor místico después de haber pasado por el amor físico y el amor espiritual. Entre Dante, Ibn'Arabi y Rusbehân Shiraz se establece así
una corriente donde el amor es un cambio, una verdadera permuta
entre el Creador y el ser creado. Esta experiencia espiritual y mística
nos es confirmada por la sentencia del sufí Ibn'Arabi: «El Amante
divino es el Espíritu sin cuerpo; el amante físico puro y simple es
un cuerpo sin espíritu, el amante espiritual, es decir, el amante místico posee espíritu y cuerpo». Los trovadores cantan «el amor celestial».

Llegamos por ahí a la noción de la Virgen María, del Femenino
superior, y este valor sofiánico es el de los chiitas, ismailitas, nosay-
ris, el de los místicos judaicos que compusieron el *Cantar de los
Cantares*. Eckhart retoma en Occidente esta tradición conservada en
las formas exótericas del cristianismo y del islamismo. Esta gnosis

Henri Cornelius Agripa.

permite que se establezca un diálogo entre los Hermanos de la Pureza de Basra y los rosacruces de Valentin Andreae, es decir, entre el sufismo y los movimientos iniciáticos.

El impulso del movimiento de los Hermanos de la Rosacruz está unido al apogeo alquímico, donde la transmutación de los metales no representa más que un aspecto material de la gran obra. Buscan el elexir de la inmortalidad, la salud del individuo. Los sabios buscan corporificar su alma, espiritualizar su cuerpo. Es el *Solve et Coagula* hermético, y Paracelso anuncia que después de la regeneración alquímica debe venir Elías Artista. Alquimistas y rosacruces se sumen en el misterio de la Unidad.

Las cuatro letras de la inscripción clavada en lo alto de la cruz, INRI, han dado lugar a múltiples interpretaciones respecto al sentido de una transfiguración espiritual.

¡Qué de misterios en torno a esos alquimistas, personajes enigmáticos que no hablan claramente más que para mejor desconcertar a las gentes!

Y en 1614, ¡qué de acontecimientos!... Lutero había muerto sesenta y ocho años antes, Calvino tenía cincuenta años. Era el momento álgido de la lucha entre la Reforma y la Contrarreforma, lu-

La Virgen de la rosa de la catedral de Notre-Dame de París (Foto: Jean-Pierre Bayard).

cha que pronto dio origen a la más sangrienta de las guerras religiosas: la guerra de los Treinta Años. En esta época extremadamente turbulenta, la alquimia y la filosofía ocultista o hermética alcanzan todo su esplendor.

Paracelso es contemporáneo de Lutero. Los teólogos inspirados recorren Alemania y, entre ellos, encontramos a Johann Arndt (1555-1621), cuya influencia se ejerce sobre Johann Valentin Andreae. Los autores y las obras que conciernen al fenómeno de la Ro-

El Cristo en la cruz, encima del cual se distinguen claramente las iniciales INRI. (Grabado en madera, hacia 1495)

El espectro de la rosa resucitada. Abadía de Vallemont, *Curiositez de la nature et de l'art*, Bruselas, 1715.

sacruz y de la búsqueda alquímica, son innumerables. No es raro por tanto que la bibliografía de Peeters-Baertson, que se interrumpe en el año 1717, recoja novecientas ochenta noticias. Entre los casi cuatrocientos autores citados, no hablaré más que de un pequeño número de ellos, sin que ello implique que desdeño a todos los investigadores que crearon el verdadero clima de una sociedad vuelta hacia la búsqueda espiritual.

Pero, antes de respetar estrictamente el orden cronológico, conviene hablar de Andreae, considerado como el padre de los *Manifiestos*.

Johann Valentin Andreae (1586-1654)

En sus noticias biográficas, Sédir nos lo presenta en estos términos:

«Johann Valentin Andreae nació en Herrenberg (Wurtember) el 17 de agosto de 1586. Su madre se llamaba María Moser y su padre era el pastor de su villa natal; a su tío Jacob, teólogo célebre, se le llamó "el segundo Lutero".[2] Andreae, estudiante primero con Michel Beumler y después en Tubinga, fue uno de los hombres más sabios de su tiempo; adquirió una rara cultura en lenguas antiguas y modernas, en matemáticas, historia, geografía genealogía y teología. Pasó sus días y noches en estudio hasta debilitar su salud. Recorrió Francia, Suiza, Italia, Austria y Alemania. Se casó el 2 de agosto de 1614 con Agnès-Élisabeth Grüminger y fue sucesivamente diácono de Vaihingen (1614), superintendente de Calw (1620), capellán de la corte y consejero consistorial en Stuttgart (1639) y superintendente general en Bebenhausen. La disminución de sus fuerzas, la misantropía y la pena que le causaban los trastornos que por entonces sufría su patria (la guerra de los Treinta Años) le hicieron renunciar a sus funciones. Murió siendo abate de Adelsberd y capellán luterano del duque de Wurtemberg, el 27 de junio de 1654, después de una larga y dolorosa enfermedad.

»Sus obras más célebres son: *Turbo, sive moleste et frustra percuncta divagans ingenium, in the trum productum; Invitatio fraternitatis Christi; Turri Banel, sive judiciorum de Fraternitate Rosaceae Crucis Chaos; Reipublicae Christianopolitanae descriptio.*»

Johann Valentin Andreae siguió el ejemplo de su familia universitaria, pero su existencia agitada le costó algunos problemas. Diplomado en astronomía y matemáticas por la universidad de Tubinga, estuvo implicado en un asunto de costumbres y tuvo que alejarse de su facultad. Se instaló entonces en Estrasburgo, donde frecuentó los medios místicos y herméticos. Escribió la obra titulada *Las bodas químicas de Christian Rosencreutz*, la cual sería publicada más tarde.

De regreso a Tubinga tras un año de exilio, frecuentó un cierto número de sociedades secretas que florecían en aquella época, lo cual le valió una nueva expulsión de la universidad y le obligó a nuevos viajes. A Suiza primero, donde entró en contacto con los calvinistas, a Francia luego y después a Italia, donde el comportamiento del clero romano le confirmó en su vocación luterana.

Johann Valentin Andreae (1568-1654) (Grabado alemán del siglo XVII).

De nuevo en Tubinga, se reintegró a su puesto en la universidad y prosiguió sus estudios de teología. Estamos en 1614, año en que aparece el primer *Manifiesto* rosacruciano.

Pese a que Andreae reconociese en su autobiografía ser el autor de *Las bodas químicas*, niega en otras obras publicadas entre 1618 y 1620, cualquier participación en la redacción de los *Manifiestos*. En 1617, en su libro *Menippus*, afirma que los verdaderos cristianos pertenecen a la orden de los Rosacruz y que, por este hecho, la Fraternidad ha sido un «juego de curiosos», que solamente es una farsa. En 1619 habla de «juego de intelectuales» y, en su autobiografía, escribe que no ha visto «sin diversión como la gente entra en liza respecto a un montón de escritos».

Cuando hacia 1620 Andreae funda su «República Cristianopolitana», la define como «una estrecha unión de amigos que trabajan en común con acrecentado amor fraternal y, a través de la plegaria, para acceder a la realización de un pura vida cristiana» y pide «el retorno a la simplicidad, a la meditación, al renunciamiento, a la fraternidad total», programa que se parece extrañamente al expuesto en *La fama*, particularmente en lo que respecta a su esoterismo.

En la *Turris Babel* (1619), Andreae escribe estas palabras preñadas de misterio: «Pues bien, mortales. Lo que vosotros esperáis de la cofradía no es nada. *La fama* ha construido y ha demolido. El mundo debía ser puesto a prueba de este modo, renegando de Cristo, reconociendo la sana razón, desdeñando lo serio, estimando la impostura».

Pero, en la misma obra, escribe igualmente: «Ahora he abandonado la Fraternidad, pero jamás abandonaré la verdadera fraternidad cristiana, que, bajo la cruz, huele las rosas y evita las mancillas del mundo.» Johann Valentin Andreae quiere ser un hermano de Cristo, «amar la sabiduría cristiana y gustar las rosas del Cristo», esperando que llegue su hora para morir como un buen cristiano.

Ante tales asertos podemos preguntarnos si los *Manifiestos* no son un simple divertimento, un canular imaginado por un hombre joven inquieto, rebosante de ideas y dispuesto a divertirse. Podemos evocar igualmente la prudencia del pastor Andreae, ya maduro y respetable, que goza de una posición bien establecida y que está dispuesto a conservarla. Este hombre no aspira al martirio. Se puede finalmente pensar en un secreto iniciático y, como esta sociedad no está estructurada, como no tiene ritual de iniciación, la Rosacruz no existe en el sentido habitual del término, a no ser por sus cualidades electivas. No es una orden y, efectivamente, Andreae no puede pertenecer a un «grupo» sin existencia, sin miembros. Cada autor, por otra parte, niega también pertenecer a ella.

Andreae no renegó implícitamente de su participación en la Fraternidad ni de la redacción de sus *Manifiestos*. Lo que sobre todo negó fue ser su único responsable. Pudo haber escrito los *Manifiestos* con Arndt, Gerhardt o Christophe Besold.

Algunos manuscritos de *La fama* parecen haber circulado mucho antes de 1614 e incluso se dice que lo hicieron entre 1602 y 1603. Johann Valentin Andreae, en esa época, tendría unos dieciséis años, pero quizás los amigos de su padre le hicieron colaborar en esa obra. O quizás se le atribuyan al hijo unas obras ya compuestas por su padre (muerto en 1601) o por las personas que le rodeaban. No olvidemos que Jacob Andreae, portador también de la buena palabra, bebía de la fuente de la enseñanza de Lutero. Paul Arnold habla del «cenáculo de Tubinga» y puede ser que todo un grupo se hubiera unido al nombre de Andreae, mezclando a todos los miembros de una familia representativa que reflejaba una corriente de pensamiento. Johann Valentin, pese a ser un adolescente muy dotado, sin duda no compuso él solo unos textos herméticos cuyos símbolos alquímicos poseen gran valor.

A la edad de diecisiete años habría compuesto, en 1603, dos obras de teatro de estilo isabelino. No conocemos estas obras, pero el hecho de que se le atribuyan denota solamente que aquel muchacho muy dotado literariamente estaba en medida de escribirlas, sin que ello implique sin embargo el dominio de unas ciencias muy cerradas que requieren una profunda experiencia. Incluso si *Las bodas químicas* fueron escritas hacia esta época, pudo haber modificado su estructura antes de publicarlas en 1616 y durante ese tiempo, profundizar sus nociones alquímicas y someterlas al consejo de los amigos de su padre.

Nos podemos preguntar en efecto el cambio profundo de Andreae, tanto más porque en la misma época publicó en Estrasburgo (1617) una *Invitación a la Fraternidad del Cristo*, y en 1619 una *Descripción de la República de Cristianópolis*, donde escribió que: «Los cristianos, todos los cristianos, deben amarse y unirse en una sociedad totalitaria cuyo ideal es reunir todas las cosas en el Cristo; lo que existe en la tierra existe también en los cielos». Muy curiosamente, este programa de una unión cristiana retomaba las tesis de *La fama* y de *La confessio*: es necesario unirse por amor fraternal, es preciso preparar el reino del Espíritu Santo, tener por modelo a Jesucristo. La República de Cristianópolis no vive en el mundo como una sociedad organizada y, en su *Autobiografía*, publicada después de su muerte (por Seybold, en 1799), Andreae se arrepiente de haberse burlado de los Hermanos de la Rosacruz.

En 1620, en Calw, crea una Fundación de Tintoreros (*Purber stift*) que, en realidad, se trataba de un círculo alquímico donde la «tintorería» era la piedra filosofal.

Mientras el clero luterano combatía a Andreae, éste, en 1625, estableció la Verdadera Unión cristiana, un grupo compuesto por cuatro compañeros que querían propagar el mensaje cristiano. Este movimiento cesó en 1629, pero se halla en él un pensamiento filosófico muy próximo al de los precedentes escritos de la Rosacruz.

En 1624, después de la batalla de Nördlingen, los ejércitos imperiales sufrieron sangrientas represalias. La casa de Andreae, en Calw, fue incendiada. Johan perdió sus bienes, entre ellos su biblioteca y archivos. No dejó por ello de organizar ayudas para los siniestrados.

Andreae, después de su renuncia a los escritos de la Rosacruz, fue promovido al cargo de pastor de la corte de Suttgart, en 1639, y

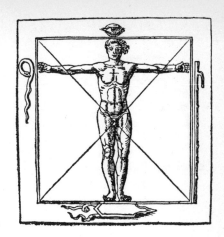

Adán en su cuadrado mágico.

tuvo que adherirse a la Confesión de Augsburgo dando fe de su aversión hacia toda herejía protestante. Descontento de sí mismo, se vio sin embargo muy honrado como profesor de la Universidad de Tubinga.

En 1639, el duque Eberhard, de Wurtemberg, le hizo su predicador y consejero. Fijó su residencia en Stuttgart. Según Knoss, su biógrafo, «hizo mucho por la universidad y por el clero de Tubinga y obtuvo unos resultados considerables en la lucha contra la simonía, contra el desenfreno, y halló una ayuda preciosa por parte de las tres hermanas del duque.»

Cuando en 1650 es nombrado abad de Bebenhausen, se le califica de «entusiasta» y, un pietista bohemio, el duque Augusto de Brunswick, le colma de honores y de presentes. Rehusando su dimisión, después es nombrado abad de Adelsberg.

Murió el 27 de junio de 1654, en Stuttgart.

La marca luterana

Podría admitirse que Andreae, a la edad de diecisiete años, hubiese llevado a cabo una farsa cuyas repercusiones sobrepasaron sus intenciones. Sin embargo, estos relatos contienen unos elementos muy pensados, de simbolismo alquímico muy marcado. Estos textos parecen haber circulado unos años antes en forma de manus-

El sello de Martín Lutero (Arthur Edward Waite, *The Real History of the Rosicrucians*, Nueva York, 1888).

critos. Pero el nombre y la insignia de los rosacruz se inspiran verosímilmente en el blasón de la familia Andreae, la cual había seguido el espíritu del blasón de Lutero: una cruz de san Andrés rodeada de cuatro rosas. El sello de Spinoza comporta también una rosa, flor que es por excelencia un símbolo alquímico. La rosa deviene en Robert Fludd uno de los principales símbolos ocultos: los *Manifiestos* no serían una simple farsa juvenil sino que se apoyarían sobre antiguos valores.

Es preciso también tener en cuenta la acción de Lutero, monje supersticioso salido del pueblo, que hablaba un lenguaje accesible a todos. Atacó a los grandes de la Iglesia, los cuales, por mantener una apariencia de supremacía, se plegaron a las exigencias profanas y tuvieron una acción temporal. Lutero se rebeló contra todos los monjes indignos, contra los prelados que no eran sino grandes señores ávidos de honores y consideraciones, contra todos los hombres que traficaban. Era preciso reformar aquella Iglesia que, sedienta de beneficios, hacía correr la sangre.

El 31 de octubre de 1517, Martín Lutero colgó sobre la puerta de la capilla del castillo de Wittenberg un cartel con noventa y cinco propuestas de reforma, denunciando principalmente los abusos cometidos a partir del comercio de indulgencias. Pese a que aquel tipo de mociones hubiesen sido ya pronunciadas por otros hombres y que el pensamiento de Lutero no aportara nuevas revelaciones, lo cierto es que este monje agustino halló un lenguaje y unas expresiones que todos utilizaban y con ellas logró inflamar al pueblo. Supo hacerse escuchar, suscitar la cólera contra esos falsos hombres de Iglesia

El monje negro, el «papa de Wittenberg», Martín Lutero.

que no vacilaban en vender pretendidas remisiones de pecados, como si un prelado, o el mismo papa, tuviesen un poder en el más allá.

Gracias a la imprenta naciente, Lutero difundió sus discursos, pero, si bien luchó contra los abusos de la Iglesia romana, respetó la fe. Cuando León X firmó la bula que condenaba al autor de *La libertad del cristiano*, el cisma fue inevitable. En 1520 Lutero quemó públicamente en Wittenberg la bula papal.

Lutero y sus adeptos fueron excomulgados en 1521. El perfecto católico Carlos V, que temía a la opinión pública, hizo instruir esta causa cuando se reunió en Worms (1521) la dieta del Imperio. Durante este tiempo, el reformador evangélico, retenido como prisionero en Wartburg, tradujo el Nuevo Testamento siguiendo el texto griego. Cuando fue publicado en 1522, constituyó un verdadero éxito de librería.

Lutero, hombre sincero, directo, leal, conservó una fe muy profunda. No pretendía ser un santo ni un teólogo, sólo quiso mantenerse unido a sus orígenes modestos y reflejar el buen sentido de sus conciudanos. No impuso su punto de vista sino que multiplicó su palabra para demostrar que la Iglesia debía reformarse si quería seguir difundiendo el espíritu cristiano. Pese a sus nobles intenciones, sin embargo, Lutero provocó un cisma en el seno de la aspiración cristiana. Este gran reformador, que murió de apoplejía en 1546, no quiso ser un maestro. Rechazó el uso del término luterano, pues sólo aceptaba el nombre de cristiano, puesto que «solamente Cristo es nuestro Señor». Simple instrumento del poder divino, Lutero creó sin embargo una verdadera revolución política, económica, social y religiosa.

René Guénon escribe: «Lutero parece no haber sido más que una suerte de agente subalterno, sin duda bastante consciente del papel que debía representar; estos diversos extremos, por otra parte, jamás han sido completamente dilucidados». Por mi parte, yo creo que los escritos de la Rosacruz han reflejado el clima de una época y, más particularmente, del luteranismo. La orden de la Rosacruz pudo así tomar como emblema el signo de identificación de Lutero, que asociaba la rosa a la cruz.

Ulrich Zwingli, nacido en 1484 en un pequeño pueblo suizo dependiente del monasterio de Saint-Gall, se convirtió a su vez en un reformador muy escuchado. Admirador tanto de la obra de Erasmo como del coraje de Lutero, deseaba una Iglesia nueva, que no traficara con la venta de indulgencias. Lo mismo que Lutero, que se casó en 1525 con Catalina de Bora, antigua monja, Zwingli desposó en

Zurich, en 1522, a la bella viuda Anna Reinhard. Estos dos hogares fueron el refugio de gran número de protestantes. Igualmente, siguiendo el ejemplo de Lutero, Zwingli publicó numerosas obras, en las que criticaba parcialmente la doctrina luterana. Lutero rechazaba la doctrina católica de la transubstanciación, el dogma según el cual el vino y el pan se conviertan en la sangre y en el cuerpo de Cristo durante el sacrificio de la misa. Zwingli veía en la comunión una simple conmemoración simbólica. Pese a este ligero conflicto y a la disputa de Marburg en 1529, la Reforma obtuvo numerosas adhesiones en Alemania y Suiza.

Un tercer movimiento establecido en Suiza, en Ginebra, fue posible gracias a la energía de Juan Calvino, nacido en 1509 en Noyon, en Picardie. Después de haber leído las obras de Erasmo y de Lutero, este «lógico de la Reforma» resume los preceptos de Lutero en una doctrina evangélica; sabe organizar este movimiento, pero pronto es desterrado de Francia. La facultad de teología de París condenó a Lutero en 1521; las primeras persecuciones cayeron sobre los protestantes en 1525. Para escapar de la hoguera, Calvino encontró refugio en Basilea, donde escribió en 1536 la pieza clave del calvinismo, la *Institutio Christianae Religionis* (Institución Cristiana). Calvino, en una magnífico alegato en defensa de los protestantes

Juan Calvino (1509-1564).

perseguidos en Francia, insistió sobre el hecho de que la religión cristiana no es solamente el conocimiento de Dios, es decir, una búsqueda del espíritu, sino también una adhesión del corazón. En 1536 Calvino instauró en la ciudad de Ginebra una nueva manera de vivir. No bastaba con echar a los curas de las iglesias y con comer carne los viernes. Calvino quiso que Ginebra se convirtiera en el centro de la sociedad ideal, de una teocracia: se prohibieron los bailes, las tabernas, toda clase de diversiones. Por su intransigencia, finalmente Calvino fue expulsado de Suiza. En Estrasburgo se casó con una viuda, Idelette von Buren, madre de dos niños. En 1541, a petición de sus habitantes, Calvino regresó a Ginebra e hizo de esta ciudad la «Roma de los Reformados», pero su actitud y su rigor le siguieron suscitando odios tenaces.

El caso de Miguel Servet, médico y teólogo español, cuyos trabajos sobre la circulación de la sangre hacen de él un precursor de la anatomía, alarmó a muchos ginebrinos. Servet rechazaba la Santa Trinidad y el bautismo de los niños, puesto que no tienen edad de comprender. En 1531, a la edad de veinte años, Servet publicó en Haguenau *Sobre los errores del dogma de la Trinidad* y predijo la ruina de la Iglesia católica y de la Iglesia reformada. Los dos clanes se aliaron en contra de este indisciplinado, quien, en 1525, publicó la *Restitutio Christianismi* (el Restablecimiento del cristianismo). Finalmente, después de un acuerdo con Calvino, Servet fue condenado a ser quemado vivo en Ginebra. Calvino, enfermo, extenuado, no tardó a su vez en entregar su alma a Dios. Lo hizo a los 55 años, en 1564.

La expansión de la Reforma debe mucho a la imprenta. Pero si es cierto que se sabía fabricar papel –en 1190 ya funcionaba un molino de papel en el Hérault–, no lo es menos que era preciso mejorar también la tipografía. Lorenzo Coster había inventado los caracteres móviles en madera, los cuales sustituyó Gutenberg en Maguncia por letras de metal, una aleación de antimonio y de plomo. Gutenberg, nacido en Maguncia hacia el año 1400, se asoció alrededor de 1450 con Juan Fust, rico negociante. En 1456 publicaron una Biblia en latín, un incunable muy buscado. La imprenta se convirtió en un instrumento de propaganda, extendiendo las doctrinas religiosas y difundiendo la Biblia.

Es preciso sin embargo citar también a Jan Hus (1369-1415), teólogo checo precursor de la Reforma. Un siglo antes que Lutero, Hus denunció el imperialismo de la Iglesia romana. Excomulgado por el papa Alejandro V, fue quemado como hereje el 6 de julio de 1415. Los hermanos moravos, los metodistas, se adherieron a las ideas religiosas de Jan Hus, considerado como el padre de la nación checa.

Paracelso (1493-1541)

Teofrasto Bombasto de Hohenheim, más conocido bajo el nombre de Paracelso, nació el 10 de noviembre de 1493 cerca de Einsiedeln, en Suiza.

Paracelso ocupa un lugar privilegiado en los manifiestos de la Rosacruz. No es solamente uno de los espíritus iluminados que rehabilitan la alquimia, sino también uno de esos «héroes inagotables y gloriosos» que rompen la barbarie. Este lugar que ocupa Paracelso en los *Manifiestos* da fe de los contactos entre Andreae y los paracelsistas. Se citan a menudo sus comentarios lingüísticos, a veces redactados por sus discípulos («Vocabulario», «Itinerario», «Vida»). Este interés lexicográfico puede ser la base de la filosofía de la lengua que aparece en *La confessio*: en la gruta de RC «hay libros de distintas clases, y entre otros el *Diccionario de las palabras* de Paracelso y el pequeño mundo de su fundador».

Después de sus estudios en la escuela de los benedictinos del monasterio de San Andrés, en el Loventhal, estudió hacia 1510 en la Universidad de Basilea y adoptó, según la costumbre estudiantil, un seudónimo: Paracelso (nombre que significa «elevado en las cosas espirituales»).

En Würzburg conoció al abate Tritemius, benedictino y ocultista. Bajo su dirección, en el transcurso de los cinco años siguientes Paracelso se dedicó a descifrar el griego, el árabe, el caldeo y los libros de la cábala. Descubrió, junto al doctor Fausto de Cornelio Agrippa, que el mundo inferior está unido al mundo superior, que el mundo es Uno es su esencia.

Posteriormente Paracelso viajó durante nueve años. Se mezcló con todas las capas de la sociedad y buscó aliviar a los indigentes. Se encuentra a este médico en toda Europa. Va de España a Moscú, de Inglaterra a Italia. Es barbero-cirujano en el ejército holandés, luego participa en la guerra emprendida por Carlos V contra Francisco I. Pero no es hasta los treinta y dos años, en Salerno, que recibe su título de médico. Gracias a su gran fama y a la recomendación

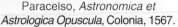

Paracelso, *Astronomica et Astrologica Opuscula*, Colonia, 1567.

Paracelso (1493-1541).

de Froebenius, es nombrado médico municipal de Basilea con el título de «Monarcha Secretorum» (1526-1528). Publica entonces, en relación a su terapéutica, el título *Archidoxa De Tinctura Physica, de Occultae Philosophiae*.

Sus trescientos sesenta y cuatro escritos fueron reunidos por Huser, después de la muerte de su autor. Todos ellos están marcados por el anagrama de una R mayúscula y una rosa. Este hombre admirable estaba no obstante en desacuerdo con el orden establecido. Mientras que las clases se daban en latín, Paracelso lo hacía en alemán. Abandonó la toga, el bastón rojo, la cadena y el anillo de oro para vestir una vieja blusa manchada de drogas y cubrirse con una boina negra. Arrojó al fuego, ante la puerta de la universidad, el Canon de la Medicina de Avicena, junto con las obras de Hipócrates y de Galeno, afirmando que su sombrero y sus zapatos sabían más medicina que los doctores de la Antigüedad.

Sin duda estos gestos audaces le aseguraron una cierta celebridad, pero también muchos disgustos. Tras una violenta disputa con los jueces de Basilea, tuvo que huir de la ciudad. Reemprendió su vida errante, admirado, buscado por todos a causa de sus curaciones casi milagrosas. Murió en Salzburgo a la edad de 48 años, el 25 de septiembre de 1541, en circunstancias misteriosas. Expulsado de la Facultad y de la Iglesia, existe le sospecha de que uno de sus cofrades le hiciera asesinar. Su tumba atrajo a gran número de peregrinos deseosos de curarse.

La calidad de sus trabajos le permitió obtener curaciones inesperadas, lo cual le hizo ser denunciado por pedantes y charlatanes. Por su parte no se recató en decir que «los médicos son una cuadrilla de asnos confirmados; los boticarios, unos lavadores de vajilla cuyas pociones no son sino caldos podridos». Contrariamente, elogió ia verdadera investigación: «Elogio a los médicos espagíricos porque estos no pasean su pereza con ellos y no vienen magníficamente vestidos de terciopelo, de seda y tafetán, con anillos de oro en los dedos, con puñales plateados en el cinturón, las manos enguantadas de blanco, sino que permanecen junto a su trabajo día y noche, que buscan su entretenimiento en el laboratorio, que llevan groseros vestidos de cuero, un delantal donde se limpian las manos, ya que meten sus dedos en el carbón, en el estiércol, en la suciedad y no en anillos dorados».

Paracelso, en el transcurso de sus trabajos, estudió el bismuto, descubrió el zinc, el cloruro y el sulfato de mercurio, el calomelano y la flor del azufre, entre otros productos. Se interesó por el opio, droga que conoció durante un viaje a Oriente. Buscó la «quintaesencia», es decir, las propiedades intrínsecas de los medicamentos y de las sustancias minerales que, entonces, eran considerados como venenos.

Si se sirvió de la alquimia, no fue más que con ánimo de curar a sus enfermos. «Atrás pues los falsos discípulos que pretenden que esta ciencia divina no tiene más que un objeto: hacer oro o plata. La alquimia, a la que ellos deshonran y prostituyen, no tiene más que un objetivo: extraer la quintaesencia de las cosas, preparar los arcanos, las tinturas, los elixires capaces de devolver al hombre la salud que ha perdido.»

Para Paracelso, experiencia científica y experiencia espiritual se unen estrechamente. Un amigo mío decía que Paracelso «consideraba la transmutación final como una liberación definitiva de la ilusión».

Paracelso se situó en un plano superior y dominó su época. Exaltado y despreciado, su figura sigue siendo muy enigmática. Tiene audaces concepciones sobre el magnetismo, la telepatía e, incluso, se aproxima a la investigación actual afirmando su capacidad de poder fabricar el homúnculo:

«Uno de los prodigios más notables del arte alquímico consiste en provocar la creación de un ser humano fluídico y minúsculo me-

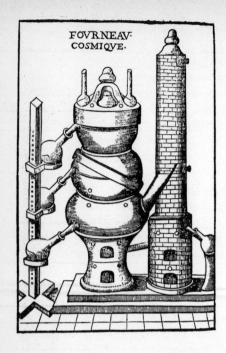

Atanor alquímico.

diante la putrefacción del esperma. Particularmente, afirmo que tal medio no está en absoluto por encima del arte espagírico, que en absoluto repugna a la naturaleza y que incluso es perfectamente posible. He aquí cómo debe procederse para conseguirlo... Depositad durante 40 días, en un alambique, licor espermático de hombre para que se pudra... si tras ello se nutre cada día este joven producto, prudente y cuidadosamente, con sangre humana...»

Paracelso considera que la enfermedad no es más que la perturbación de la fuerza vital y que, para resturar la salud, sólo es necesario recuperar el ritmo favorable.

Paracelso luchó también contra los abusos de la realeza y del Vaticano, contra todos los excesos del poder temporal y espiritual.

Viajó enormemente, recibiendo el apoyo de los grandes y conviviendo entre la élite intelectual. Él es sin duda uno de los «invisibles» depositarios de la Ciencia hermética, un rosacruz en el sentido absoluto del término.

En el libro de la *Pronostication* encontramos la figura de una rosa, abierta en medio de una corona, con la letra R mayúscula. Paracelso habla de Elías Artista en su tratado *De Mineralibus* y anun-

Frontispicio dibujado por Gichtel para su edición de las obras
completas de Jakob Böhme (1682).

Juan Tritemius, uno de los grandes inspiradores del movimiento rosicruciano (Grabado francés de Jollivet-Castelot, siglo XVIII).

cia el milagroso acontecimiento: «Nada de oculto que no deba ser descubierto. Es así que en mi opinión aparecerá un ser prodigioso que revelará muchas cosas», (*De Mineralibus*, 1), y Paracelso precisa seguidamente que este pensamiento «debe permanecer oculto hasta el advenimiento de Elías Artista» (*De Mineralibus*, 8). ¿Quién es ese Elías Artista? ¿No es el nombre deformado de Eliaz Arthirsatha, nombre que en hebreo significa el «Fundidor de Dios»?

Fundiendo su teosofía, critica tanto al papa como a Lutero. Pero insiste sobre el sentido cósmico de la Cena mística, afirmando que el pan y el vino son las concentraciones de unas fuerzas de la naturaleza, que Cristo hace nacer la semilla de la resurrección. Afirmación que supone un acercamiento más con el grado 18 del Rito Escocés Antiguo y Aceptado, en el cual el caballero rosacruz practica el ceremonial de la Cena.

Walter Pagel, en su notable estudio sobre Paracelso (publicado por Arthaud), lo define así: «Figura turbulenta y paradójica, Paracelso es aún hoy tan discutido como en su tiempo; admirado por muchos, vilipendiado por otros más numerosos todavía, su violencia y las inconsecuencias que hormiguean a través de sus voluminosos escritos, descorazonan la paciencia y la objetividad del investigador. Algunos de sus aforismos, brillantes y progresistas, nos seducen, pero se ha debido renunciar a la esperanza de comprender la génesis, a poder determinar la síntesis dialéctica de la cual han

Jakob Böhme (1575-1624)
(Archivos AMORC).

emergido»... «Por su movida existencia y por la incoherencia de
sus opiniones, Paracelso ocupa un lugar aparte entre los personajes
extravagantes del Renacimiento.» Pagel nos habla también «de un
alma desdoblada y faustiana, un espíritu dividido entre las tendencias y las convicciones contradictorias que le separaban».

Entre los maestros de Paracelso, que fueron clérigos, destaquemos principalmente al abate Tritemius, representante de la tradición
cabalística, aunque también podríamos evocar una filiación que va
de Lull a Pico de la Mirandola, a Reuchlin, a Agrippa de Nettesheim,
a Giordano Bruno, a Alstedius y a Leibniz. En todos ellos encontramos la tendencia pansófica, el deseo de desprender el significado
oculto y simbólico, las correspondencias de los fenómenos naturales. Se puede también hallar en el embrión de la filosofía de Aristóteles.

Paracelso, que conocía bien la cábala, fue un gran amigo de
Erasmo, el cual tuvo una gran influencia sobre la Reforma. Böhme
(1574-1624) fue discípulo de Paracelso. Su enseñanza de la piedra
filosofal se discierne mejor en *De Signatura Rerum*.

Paracelso edificó un sistema de la armonía, de la unidad universal. Pensó que todo tiene un alma, que no puede haber ruptura entre
todo lo que existe, que todo se perpetúa, que el espíritu es continua-

do, que el hombre es la imagen del universo. Con su pasión de la perfección, en una fe absoluta y desinteresada, buscaba la verdad. Si personalmente no fue rosacruz, es el apóstol de este pensamiento. Paracelso ejerció también una poderosa influencia sobre su época.

Barnaud (1535-1601)

Pese a que posee menor importancia, debo señalar que el hermetista francés Barnaud estuvo en España hacia 1559. Después de varios viajes por Europa, residió en Alemania en 1590 y en 1601.

Publicó en Leyde, en 1599, el manuscrito de su amigo Ripler, *De Occulta Philosophia*.

Bernaud expone que su intención con esta publicación es beneficiar a los filósofos franceses, ingleses, alemanes, italianos, polacos y bohemios, con exclusión de los españoles, «que se enriquecen a expensas de la sangre española e india». *La fama* establece la misma restricción en su carta abierta, fechada en 1601. Barnaud pide ayuda a los grandes señores, particularmente al emperador Rodolfo II, a los duques de Baviera, a los de Wurtemberg y a los príncipes de Hesse. Desea que «los filósofos se den a conocer a Enrique IV y a Mauricio de Nassau y que orienten su arte hacia el propósito de constituir la piedra filosofal».

Es a partir de la carta de Barnaud cuando Sédir acredita la tesis de una sociedad que debía preparar la gran revolución social y edificar el templo de la paz. Enrique IV y Mauricio de Nassau habrían protegido a esta poderosa sociedad y, a causa de esta afiliación, se explican los numerosos atentados cometidos contra el rey de Francia, quien, finalmente, sucumbió al acero de Ravaillac, en la calle de la Ferronnerie, el 14 de mayo de 1610. Este último atentado, minuciosamente preparado, cuya génesis era conocida por muchas personas, fue, según la leyenda, organizado por los jesuitas. En realidad, el Gran Designio, liga de inspiración cristiana para el establecimiento de una paz eterna, una especie de Naciones Unidas de Europa, comenzó a funcionar en el siglo XVIII. Es probable que Enrique IV, en 1610, tuviera menos perspicacia política y menos idealismo del que hoy se le atribuye, pues, sobre todo, alimentó la ambición de abatir la casa de Habsburgo.

Heinrich Khunrath (1560-1605)

Nacido en Leipzig en 1560, Khunrath obtuvo en 1588 su título de médico en la Universidad de Basilea. Maïer estudió en el mismo centro ocho años más tarde. Khunrath difunde la obra de Paracelso y muere en 1605, en Dresde.

En *Ensayos de las ciencias malditas* y en *El umbral del misterio*, Stanislas de Guaïta presenta un excelente análisis de la Rosacruz a partir de las planchas de Khunrath. Este *Anfiteatro de la sabiduría eterna* se caracteriza por unas ilustraciones en las que se hallan diseminadas numerosas inscripciones en latín y en hebreo.

H. Khunrath, *Amphitheatrum Sapientae aeternae*, Hanover, 1609.

Alegoría cabalística de Heinrich Khunrath, *Amphitheatrum Aeternae Sapientae*, Hanau, 1609.

La confessio considera las obras de Khunrath entre los escritos destinados a engañar al público. Más adelante, sin embargo, esta crítica desaparece en las reediciones. Andreae se burló de este estilo hermético, pero dice también que «fascinó al mundo entero con sus fíguras místicas». Andreae, para escribir sus *Bodas químicas*, se inspiró en el *Anfiteatro*, cuya edición completa no apareció hasta 1609, o sea cuatro años después de la muerte de su autor. Las ediciones de esta obra tan célebre fueron numerosas y dieron lugar a diversos interrogantes en cuanto a su fecha y a su origen. Los grabados son firmados por Paul Van der Doort de Amberes, pero también se encuentra el nombre de Vredeman de Vries, ilustrando más particular-

84

mente la plancha «lab-oratorium», es decir, en lugar donde se traba-
ja orando.

Khunrath estuvo marcado por la potencia del hebreo, por la cábala y por la ciencia de las palabras sagradas. Este pensamiento habría sido introducido en 1486 por Pico de la Mirandola, seguido por
Jean Rreuchlin.

También es preciso señalar el papel de la música en la mentali-
dad alquímica. Hallamos igualmente en las planchas de Khunrath la
representación de numerosos instrumentos musicales. Michael Maïer,
en su *Atalanta fugiens* pone en evidencia el papel de la fuga; Basilio
Valentín representa unos instrumentos de arco y tubos de órgano en
la *Revelación de los misterios de las tinturas esenciales de los siete
metales* (1668). Nicolás Flamel es considerado el autor de la *Música
química*. Se evoca también la armonía musical que disipa la melan-
colía que produce Saturno. Sin duda la música evoca el universo ar-
monioso, y de ahí su poder mágico. Su vibración actúa sobre la naturaleza secreta de los hombres y de las cosas. El Verbo contiene el
sonido. Y la ley de los números deriva del sonido. Pitágoras y Platón
pensaban que nuestro mundo reposa sobre una estructura numérica.
Los *Manifiestos* de la Rosacruz insisten igualmente sobre el orden
de los números, sobre las formas geométricas, y es una forma de
unir al hombre al cosmos según la gran ley armónica donde encontramos el ritmo particular de la divina proporción, la del número
aúreo. Las vocales, y en general todas las letras, se establecen según
relaciones armónicas.

Francis Bacon (1561-1626)

Francis Bacon define en la *Nova Atlantis* una sociedad ideal, una
utopía, conforme a la vez al mensaje rosicruciano y al ideal de la
masonería.

Unos navegantes arribaron a la isla desconocida de Bensalém y
asistieron a una fiesta cívica y familiar que les reveló algunas instituciones del país al que acababan de llegar. «La más notable de esas
instituciones es una sociedad secreta llamada el Templo de Salomón. El objeto de esa sociedad es hacer la felicidad de los hombres
revelándoles los secretos de la naturaleza. Así los afiliados, que se
llaman "hermanos", se entregan al estudio de las ciencias, pero en

Sir Francis Bacon (1561-1626) (Archivos AMORC).

secreto. Están divididos en un número determinado de "clases", cada una de las cuales tiene sus trabajos determinados. Todo esto forma parte de lo que acuerdan en sus reuniones (*conventus*), donde los hermanos discuten juntos estos primeros trabajos. Después, tres hermanos, a los que se llama las "tres luces", se entregan a unas experiencias de "luz más sublime"; otros hermanos, en fin, son los encargados de trasladar a la práctica los resultados así obtenidos.

»Los residentes ascienden peldaño a peldaño las clases según los esfuerzos de su comprensión y pueden así acceder a los misterios cosmogónicos.

»En estas reuniones se decide los conocimientos que conviene difundir al público y aquellos otros que es preciso ocultar. Los hermanos se comprometen mediante juramento a no revelar nada de lo que se haya decidido y a guardar el secreto.

»El Templo de Salomón tiene novicios y aprendices, en los cuales la iniciación asegura su continuidad. Tiene cánticos y formas de liturgia, tiene recursos e instrumentos, tiene provisiones de todas clases e incluso en una de sus casas (la casa de los prodigios) se puede, por medio de perfeccionadas máquinas, imponer a los hombres el hacer parecer milagro unos efectos naturales hábilmente presentados.

»El Templo de Salomón envía al extranjero a hermanos encargados de reportar informaciones sobre los asuntos de otros pueblos. Estos hermanos van provistos de grandes sumas de dinero para pagar con largueza a todos los personajes que, a estos efectos, necesiten ser pagados.»

Todos los hombres no son admitidos en esta orden que tanto se parece a una sociedad inciática: la condición es responder al ideal desarrollado y ser admitido por votación de los otros miembros. La sociedad utópica así descrita no se parece a la de Valentín Andreae y no se puede deducir que representa a los rosacruces. Pero se hace de Francis Bacon un dirigente de la Rosacruz. Es cierto que también se dice que es el autor de las obras de Shakespeare e, igualmente, autor del *Don Quijote* atribuido a Cervantes.

No entra en mis propósitos iniciar una crítica literaria, pero ¿quién es Francis Bacon?

Hijo de un guardián de los Sellos de la reina Isabel, sobrino de un primer ministro, Francis Bacon nació en 1561 en el seno de una familia rica. Cursó estudios de derecho y a los treinta u dos años entró en la vida política. Elegido en 1593 para la Cámara de los Comunes, su protector fue el conde de Essex, familiar de la reina. Pero

Noble de la rosa (siglo xv); monedas que podrían haber sido fabricadas con el oro transmutado por Ramón Llull para el rey Eduardo III.

en 1601 el conde de Essex cayó en desgracia. Bacon abandonó a su amigo y llegó incluso a ser su acusador. Essex fue decapitado en la Torre de Londres. La reina murió en 1603. Jacobo II de Escocia subió al trono y se convirtió en Jacobo I de Inglaterra. Bacon, favorito del nuevo soberano, fue nombrado lord canciller del reino, barón de Verulam, vizconde de Saint-Albançon y, en 1618, fue promovido gran canciller. Tantos honores le hicieron tantos enemigos que en 1621 fue acusado de malversación. Parece ser que fue una maquinación, pero el rey y el Parlamento le abandonaron a su suerte y Bacon tuvo que dimitir.

Un año antes de caer en desgracia, Bacon publicó, en 1620, el *Novum Organum*, un serio estudio filosófico y científico que defiende el método experimental e intuitivo, entonces muy controvertido. Sin duda Francis Bacon no es «el padre de la ciencia moderna experimental», como escribió Voltaire, pero sí contribuyó decisivamente al desarrollo de este pensamiento.

Tres años después de haberse retirado de los asuntos públicos, dio a la prensa, en 1624, la *Nova Atlantis*, de la cual acabo de resumir el espíritu. ¿Qué papel tiene lo imaginario en esta creación? Se han emprendido innumerables estudios a este respecto, pero no se han aportado pruebas decisivas que demostraran la pertenencia del autor a la orden de los Rosacruz. Se cree, sin embargo, descubrirlas en su obra *De Dignitate et Augmentis scientiarum*. Este escrito, terminado en 1605, no fue publicado hasta 1623, al mismo tiempo que las obras de Shakespeare. Esta obra de Bacon incorpora un código muy complejo el cual ha permitido descifrar numerosos documentos. Pero toda la obra de Bacon, y principalmente la *Nueva Atlántida*, retoma los puntos esenciales comentados por la Fraternidad: promover la reforma de la Iglesia, desarrollar el estudio científico y regenerar al hombre. La viñeta del título lleva la inscripción: *Tempora patet occulta Veritas*, es decir, «con el tiempo aparecerá la verdad oculta».

Si bien no se puede demostrar que Bacon hubiera efectivamente pertenecido a la Rosacruz ni que hubiese sido el «Imperator» o que hubiera podido revivir bajo la forma del conde de Saint-Germain, lo que sí podemos asegurar es que Francis Bacon conoció movimientos iniciáticos muy semejantes a los de la Rosacruz. Su influencia sobre la francmasonería especulativa sigue siendo casi cierta.

Michel Maïer (1568-1622)

Se dice que Michel Maïer introdujo la doctrina rosicruciana en Inglaterra, gracias a sus relaciones con el inglés Robert Fludd. No obstante ninguna prueba decisiva nos permite afirmar que hubiese sido hermano rosacruz.

Michel Maïer (1568-1622).

Michel Maïer nació en 1568 en Rendsburg (Holstein) y se graduó como doctor en medicina en 1597 en Rostock. Fue médico personal de Rodolfo II, quien le nombró conde palatino. Gracias a esta situación privilegiada, pudo proseguir sus trabajos con toda tranquilidad. A la muerte de su alto protector, en 1612, Maïer sirvió a los príncipes alemanes, principalmente al príncipe Nassau, el landgrave Mauricio de Hesse. En 1620 se instaló en Magdeburgo. Entre 1616 y 1622, año de su muerte, Maïer publicó veintiún volúmenes dedicados al arte de Hermes. Citemos entre los más conocidos *Las cantilenas intelectuales sobre el Fénix resucitado*, *Los arcanos más secretos* (1614) y *Atalanta Fugiens* (1617). En la *Symbola aureae Mensae*, en el libro XII, Maïer hace un notable relato sobre la búsqueda del Fénix y de su medicina. Maïer dedica su *Atalanta Fugiens* a la orden senatorial de Mulhausen, de Turingia, y a su síndico «muy vigilante» Christophe Reinart. Se ha pensado que este amigo era un dignatario de la Rosacruz, como el propio Maïer, quien habría sido gran maestre de la orden.

En 1620, viajando a Inglaterra, conoce a Robert Fludd. Michel Maïer, en su *Guía del viajero o los montes de los siete planetas o metales*, lo mismo que Andreae, exalta el viaje iniciático y la advocación a la tutela de Mercurio, el dios de los viajeros. El tema del viaje iniciático, discernible en gran número de escritos, aparece también en Nicolás Flamel, quien se mezcló entre los peregrinos para ir a Santiago de Compostela.

Maïer escribe en el prefacio de su trabajo titulado *Arcana Arcanissima* que «es un razonamiento infantil el pensar que no hay nada en el mundo que sea diferente a lo que vemos entre nosotros..., que se es doblemente un niño si se cree que lo que no entendemos, que lo que no concebimos, no lo podemos imaginar y por lo tanto no puede ser entendido, concebido o imaginado por nadie; que, en consecuencia, por el hecho de que una infinidad de ignorantes y de gentes ávidas hayan fracasado en el estudio de la Filosofía Hermética, no podemos concluir que lo que ella promete es puramente quimérico e imaginario, pues ello sería el colmo de la presunción y de la extravagancia.»

En su *Amphiteatrum Sapientiae aeternae Solius Verae Christiano Kabbalisticum* (1598), la gran iniciación se divide en siete grados; en la representación de pentaclos, la quinta de esas figuras representa una rosa luminosa que lleva en su centro a un hombre, los brazos tendidos en cruz. Estos admirables grabados se inscriben en el pensamiento de la Fraternidad de la Rosacruz. Maïer afirma en su

Atanor y animales simbólicos, de Michel Maïer, *Tripus aureus*,
Francfort, 1618.

Robert Fludd (1574-1637)
(Archivos AMORC)

Silentium post clamores que los rosacruces son los sucesores de los colegios de los brahamanes hindúes, de los egipcios, de los eumólpidos de Eulesis, de los misterios de Samotracia, de los magos de Persia, de los pitagóricos y de los árabes. De hecho todos ellos reflejan el pensamiento de una Tradición que bebe del centro de la idea y se relaciona con el pensamiento adánico. Todos estos colegios fueron instituidos no para la propagación de las doctrinas esotéricas sino para enseñar y transmitir los secretos de la naturaleza. Los verdaderos rosacruces están fuera del espacio y del tiempo, pues están en los corazones. No hay que preocuparse pues de una eventual afiliación a la orden. Se dice igualmente que la Fraternidad tiene como regla observar estrictamente el silencio, pues sólo él «puede defenderla contra la profanación de lo vulgar».

Después de numerosos desplazamientos por Inglaterra y Alemania, Maïer regresó a Praga, ciudad menos acogedora para los alquimistas. Después de ser nombrado físico de Mauricio de Hesse-Cassel, Maïer ejerció la medicina en Magdeburg, donde murió en 1622.

Maïer fue un erudito que mantuvo numerosas relaciones en todos los medios. Defendió a la Fraternidad contra ataques estúpidos y estableció y valorizó el espíritu iniciático contenido en *La fama*. Sin

92

duda fue informado sobre el origen de la Fraternidad, pero nosotros ignoramos sus relaciones reales con el grupo de Andreae.

Robert Fludd (1574-1637)

Para muchos autores Robert Fludd fue el primer organizador de la francmasonería rosicruciana. Publicó en 1617 un *Tratado apologético defendiendo la integridad de la sociedad de los rosacruces*. Se piensa incluso que bajo el nombre de Joachim Frizius escribió el *Summum Bunum*, programa de una comunidad cuyos principios esenciales se asemejan a los de la francmasonería: la diversidad de creencias se aúna en la sabiduría mística, en la ley de amor y en su regla moral. Se encuentra en este texto de 1629 un pensamiento que prefigura el de 1723 (*Constituciones de Anderson*).

Añadamos algunas precisiones sobre Robert Fludd, nacido en Milgate, en el Kent, en 1574. Su padre, anglicano y tesorero de la reina Isabel, le dio una sólida educación en Oxford. Doctor en medicina, Fludd recorrió Europa, tal como entonces se acostumbraba a hacer. Murió en 1637.

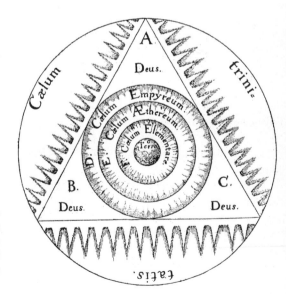

Los mundos contenidos en la divinidad, según Robert Fludd (British Museum).

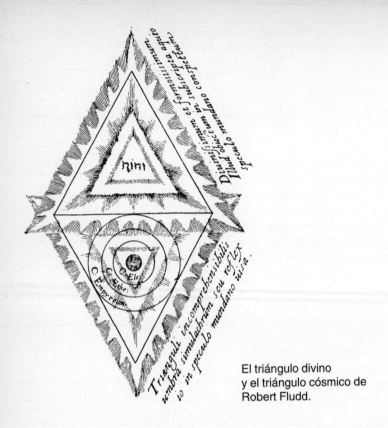

El triángulo divino
y el triángulo cósmico de
Robert Fludd.

Este médico, gran filósofo y físico, escribió en nueve grandes
volúmenes una enciclopedia científico-astrológica. Gran conocedor
de la cábala, dio una explicación del mundo donde Dios es a la vez
el Aleph luminoso y el Aleph tenebroso. El mundo según Fludd se
divide en tres grandes regiones:

– El mundo *empíreo* (el cielo), donde la luz excede a las tinieblas.
– El mundo *etéreo*, donde la luz y las tinieblas se equilibran en
forma de éter.
– El mundo *elemental*, donde las tinieblas dominan sobre la luz
y producen los cuatro elementos.

Inventor del barómetro y de muchos otros aparatos, este sabio,
según palabras de Sédir, es de espíritu rosicruciano. Defendió este

El alma del mundo segun Robert Fludd, *Utriusque Cosmi Historia*,
Oppenheim, 1617.

sistema, pero como Maïer y muchos otros pensadores, declaró que en absoluto era hermano rosacruz. Atacó sin embargo con violencia a aquellos que hablaban en malos términos de la Fraternidad. Se conocen de este polemista las respuestas vigorosas a Gassendia, a Kepler y a Mersenne.

Su filosofía esencialmente religiosa proclama que Dios es el principio y el fin, la suma de todo cuanto existe. Dios ha revelado la Sabiduría primordial al primer hombre y ésta se ha transmitido hasta los Hermanos de la Rosacruz.

Fludd fue uno de los sabios más singulares de su época; célebre en toda Europa, poseyó una ciencia ecuménica; partidario de las ciencias de la cábala, ejercitando su amplio espíritu de observación, cultivó también las ciencias exactas.

Comenius (1592-1670)

Jan Amos Komensky nació en Moravia, en Uhersky Brod, el 28 de marzo de 1592. Latinizó su apellido y devino Comenius, una de las grandes figuras de la historia checa. Mostró un gran apego a Jan Hus, atormentado y quemado en 1415.

Discípulo de Andreae, Comenius defendió el espíritu de la Rosacruz y, cuando su maestro renegó de esta sociedad, le exhortó en 1629 para que volviera a ocupar su puesto. Wittemans ha encontrado extractos de la correspondencia entre ambos en la *Opera Didactica* (Amsterdam, 1657) y cita en su *Histoire des Rose-Croix* (p. 48) la respuesta de Andreae:

«Hace unos ocho años no éramos más que unos pocos hombres, la mayor parte sin valor, los que nos habíamos agrupado en torno al *lubridium* de la vana *Fama*, y pese a que muchos nos habían anunciado que se unirían a nosotros, los trastornos en Alemania (la guerra de los Treinta Años) nos separaron. En lo que a mí concierne, estimé suficiente cargar mis velas. Puesto que el número de aquellos que todavía quedan en pie no bastaría para limpiar los establos de Augias, les abandonamos de buena voluntad aquello que se salvó del naufragio. Reunid esos restos y, con la ayuda de discípulos devotos, haced como mejor podáis para erigir un monumento que atestigüe al menos que nuestro trabajo no fue inútil.»

En la nota que vamos a transcribir, se percibe la amargura de Co-

Jan Amos Comenius
(1592-1670).

menius al constatar que su instructor no ha tenido el coraje de aplicar el ideal que había desarrollado en sus escritos:

«No pido que se me erijan bustos sino que se reconozca mi inocencia. Erasmo dice con razón que él es "feo para los teólogos, que deben ser prudentes en sus juicios y actuar en el tumulto (*per tumultum agere*)". Es por esta razón que yo no alimento odio hacia nadie y por ello no retiraré mi amor a nadie.»

Podemos deducir que Comenius fue un rosacruz. Su propia vida es ejemplar.

Perteneciente a la Iglesia de los Hermanos Moravos (la de Jan Hus), huérfano desde muy joven, no pudo comenzar sus estudios hasta haber cumplido dieciséis años. Como mostrara unas dotes excepcionales, fue enviado por la Unidad de los Hermanos (moravos) a la Universidad de Herborn (Nassau), donde siguió estudios teológicos y se apasionó por las lenguas vivas, tanto que emprendió la redacción de un manual de pedagogía y de un glosario latín-checo.

Ya diplomado, empezó a ejercer como pastor y maestro de escuela en Fulnek (Moravia) cuando casi inmediatamente la Bohemia se rebeló contra el emperador, revuelta que marcó el inicio de la guerra de los Treinta Años. La casa de Comenius fue asaltada y su esposa y sus hijos asesinados. A partir de ahí vagó por pueblos y por moradas señoriales, consagrando el poco tiempo libre que le deja esta existencia de hombre perseguido a escribir obras de piadosos consuelos a la intención de sus correligionarios. Expulsado de Bohemia, se refugió en Leszno, en Polonia, donde la Unidad de los Hermanos poseía un colegio famoso. Allí instauró una nueva pedagogía apoyándose en las ideas de dos supuestos rosacruces, Francis Bacon y Campanella, a quienes califica de «felices restauradores de la sabiduría». Allí redacta su «curso de lengua» y expone sus ideas pedagógicas en dos obras: la *Janua linguarum reserata* y la *Gran Didáctica*. Estos dos libros le valieron una gran audiencia entre la *intelligentsia* europea.

Protegido por Luis de Geor, mecenas sueco, Comenius publicó un prólogo a la *Pansophia*, doctrina que intentaba establecer una metodología conciliadora entre las diversas corrientes religiosas y las ciencias y las técnicas. Desde varios puntos de vista, su *Produmus pansophiae* anuncia el moderno estructuralismo.

En 1614 Comenius se fue a Londres para fundar un *círculo pansófico*, pero Inglaterra se hallaba en aquellos momentos en plena revolución. De vuelta a Suecia, conoce a Endegeest Descartes, a quien admira. Tropezando en Estocolmo con la hostilidad de los luteranos, se trasladó a Elbing, en Prusia (entonces bajo dominio sueco), donde escribió nuevas obras de pedagogía.

En 1645 tomó parte, en Thorn, en un coloquio eclesiástico, lo cual le indispuso con los suecos. Pero este nuevo tropiezo no fue obstáculo para que siguiera con su gran proyecto:

– Unificación del saber y universalización de su propagación bajo la alta dirección de una academia de sabios.
– Cordinación política bajo la dirección de instituciones internacionales, arbitrando los conflictos políticos.
– Reconciliación de las Iglesias cristiana y judía.

Nombrado obispo de la Unidad de los Hermanos, Comenius regresó a Leszno, se trasladó unos meses a Transilvania y regresó nuevamente a Leszno, ciudad que fue pillada por las tropas suecas el 25 de abril de 1656. Comenius perdió su casa, sus bienes, sus archivos y biblioteca, pero, milagrosamente, escapó de la muerte.

Se refugió en Amsterdam, donde murió el 15 de noviembre de 1670, en Narden.

Durante toda su vida, Comenius tuvo el afán de crear una pansofía o doctrina universal, proyecto que fue reemprendido por los enciclopedistas franceses del siglo XVIII proclamando que el proceso educativo no se limita a la acción de la escuela y a la acción de la familia, sino que debe ser solidario de toda la vida social.

Comenius desarrolla una pedagogía nueva en la que pide la reflexión, la comprensión del niño, quien debe descubrir por sí mismo su saber (autopraxia) y estimula al mismo tiempo la práctica de juegos colectivos. Considera que la enseñanza depende no solamente del marco familiar sino que también depende de la sociedad. Reclama también la instrucción para todos, al margen de toda consideración por nacimiento, y exige también la igualdad para los dos sexos, una opinión verdaderamente revolucionaria para el año 1632: «Toda la juventud de los dos sexos debe ser enviada a las escuelas públicas. No hay ninguna buena razón para privar el sexo débil del estudio de las ciencias. Las chicas están dotadas de una inteligencia igual a la de los chicos. Para ellas, lo mismo que para nosotros, está abierta la vía de los altos destinos».

Según su *Pansophie*, todos los conocimientos humanos, todas las ciencias, todas las tradiciones, salen de una verdad única primordial; todas las enseñanzas, todas las investigaciones, todas las culturas deben unirse, en su finalidad, a un único objetivo trascendental. Es preciso por tanto descubrir la unidad esencial que anima el Todo en cada una de sus partes.

En relación a la búsqueda iniciática, no es extraño que se denomine a Comenius «el padre espiritual de la orden de los francmasones».

Comenius llegó a imaginar un esbozo de sinarquía:

a) Plan de reforma universal, cuya preparación incumbe a los pueblos cristianos.

b) Exposición de los males sociales y sus remedios.

c) Exposición de las reformas a llevar a cabo en la filosofía, la política y la religión.

d) Creación de instituciones internacionales.

e) Creación de un concilio internacional (Parlamento mundial).

f) Descubrimientos de los sabios, de los *Superiores Desconocidos*, a quienes describe en los siguientes términos:

«Que no importe adjuntar a los ilustrados guardianes vigilantes; su tarea será enseñarles, exhortándoles, su principal misión, que es eliminar los restos de ignorancia o los errores de los espíritus humanos. Es preciso adjuntar guardianes a los sacerdotes para eliminar, con su ayuda, todo lo que subsista aún de ateísmo, de epicureísmo y de impiedad. Es preciso adjuntar a los poderosos guardianes del poder para que, mediante un celo exagerado, la semilla de la discordia no germine de nuevo, o, si ella comienza a germinar, para que sea extirpada a tiempo y adecuadamente.

»... Se instituirán tres cuerpos de dirigentes. El jefe supremo de cada uno de estos cuerpos será Hermes Trimegisto (tres veces grande por trocar la voluntad de Dios respecto a los hombres, el supremo profeta, el supremo sacerdote, el supremo rey), es decir, el *Cristo*, único ser que tiene poder para dirigirlo todo. Pero para mantener el orden, en todas partes los unos estarán subordinados a los otros a fin de que, gracias a esta subordinación graduada, la escuela de Cristo, el reino de Cristo, sean sólidamente establecidos.

»¿No habrá, pues, que instituir tres tribunales arbitrales, a los cuales serán sometidas todas las diferencias que puedan surgir entre los ilustrados, los sacerdotes y los príncipes? ¿Sus vigilantes cuidados no podrán, en cada uno de sus estados, impedir que nazcan las discordias? La paz y la tranquilidad serían así mantenidas. De lo contrario, habría que abandonar todas esperanza de estabilidad para las condiciones de vida así instituidas.

»Será útil adoptar apelaciones diferentes para esos tribunales. El tribunal de los ilustrados se llamará *Consejo de la Luz*, el tribunal eclesiástico *Consistorio mundial* y el tribunal político se denominará la *Corte de Justicia*.

»El *Consejo de la Luz* velará para que no se halle en parte alguna nadie que ignore alguna cosa indispensable. Este Consejo permitirá a todos los hombres del mundo entero volver los ojos hacia esa luz en la cual todos verán, por sí mismos, la Verdad. El *Consistorio Mundial* velará para que todos los cascabeles de los caballos y todas las calderas, etc., sean consagradas al Eterno (Zacarías, XIV, 20), y a que Jerusalén no vuelva a ser entregado al interdicto, sino que desde ahora permanezca en seguridad (Zacarías, XIV, 11); es decir, que toda la tierra sea consagrada a Dios; y que no haya escritos, ni grabados ni pinturas, etc., escandalosos sino que por todas partes haya profusión de símbolos santos de manera que cada cual pueda encontrar materia para santas reflexiones.

»Finalmente, la *Corte de Justicia* velará para que en ninguna parte una nación no se alce contra otra nación, a fin de que las espadas y las lanzas sean transformadas en podones y rejas de carreta.»

La influencia de Comenius fue considerable. Los filósofos y los enciclopedistas le deben mucho. Aún hoy en día es admirado y la UNESCO, en 1958, patrocinó la publicación de sus obras completas.

René Descartes (1596-1650)

Se ha especulado mucho sobre si Descartes perteneció o no a la Rosacruz. El poeta O. V. de Lubicz-Milosz, afirmó que Descartes fue recibido rosacruz bajo el nombre de Polybius el Cosmopolita, pero carecemos de toda confirmación sobre tal dato. Charles Adam[3] afirma que el matemático francés fue iniciado por su cofrade, el matemático Faulhaber (1580-1635), pero persiste también lo incierto de este dato.

Sabemos que Descartes, intrigado por los *Manifiestos*, quiso entrar en relación con los rosacruces. Sabemos también que se reunió varias veces con Comenius, por el que sentía una gran admiración. ¿Sus entrevistas con otros diversos interlocutores que conocían bien los tres *Manifiestos* tuvieron alguna repercusión sobre el *Discurso del método*? Durante sus viajes a Alemania del Sur, entre 1617 y 1621, y cuando sirvió en el ejército del príncipe Mauricio de Nassau, lo mismo que cuando se retiró a los Países Bajos, mostró siempre gran interés por conocer a aquellos hombres misteriosos. Adrien Baillet[4] precisa que «se puso a su búsqueda para desenmascararlos, si eran impostores, y para aprovechar de su saber si el mismo era real; pero declaró (Descartes) que no pudo encontrar a ninguno». Esta declaración resulta ciertamente asombrosa, pues Descartes les dedicó una obra que lleva por título: *Polybii Cosmopolitani thesaurus Mathematiens*. Y su subtítulo es aún más preciso: «Obra en la cual se da el verdadero medio de resolver todas las dificultades de esta ciencia y donde se demuestra que, relativamente a ella, el espíritu humano no puede ir más lejos; para provocar la vacilación o provocar la temeridad de aquellos que prometen nuevas maravillas en todas las ciencias, y, al mismo tiempo, para aliviar en sus fatigas posibles a los Hermanos de la Rosacruz, quienes, enlazados noche y día en los nudos gordianos de esta ciencia, consumen inútilmente el aceite de su genio.

»Dedico esta obra de nuevo a los sabios del mundo entero y muy especialmente a los Muy Ilustres Hermanos Rosacruces de Alemania.»

Sin embargo, al regresar a París en 1623, Descartes desmintió ser rosacruz y afirmó no haber encontrado jamás a los Hermanos de la Rosacruz: «No obstante esos nueve años transcurrieron sin que yo hubiese adoptado ninguna decisión respecto a las dificultades que acostumbran a ser disputadas entre los doctos, ni comenzado a buscar los fundamentos de ninguna filosofía más cierta que la vulgar».

René Descartes publicó en 1644 *Los principios de la filosofía*, una suma de pensamientos sobre la moral, la ciencia y la metafísica; es la obra de un gran humanista y en ella se pueden hallar puntos de contacto con el programa de la Rosacruz.

¿Qué debemos concluir? No tenemos prueba alguna y jamás sabremos la verdad. Pero nadie nos impide pensar que Descartes, lo mismo que muchos otros pensadores, se acercó al fenómeno de la Rosacruz y que se impregnó de su espíritu. Descartes se retiró a Holanda, país de tolerante acogida para todos los hombres con ideas nuevas.

Thomas Vaughan (1612-1665 ó 1666)

Thomas Vaughan, traductor de *La fama* y de *La confessio* en Inglaterra, merece ser citado aquí. Veamos lo que de él dice Sédir:[5]

«Mencionemos a Thomas Vaughan, cuyo seudónimo era Eugenius Philalethes.

«Nació en 1612 y se le supone de origen escocés. Estudió en Oxford y tuvo gran renombre como químico y alquimista. Se dedicó a penetrar los secretos de la naturaleza. Se denominaba "filósofo de la naturaleza", se tenía por discípulo de Enrique Cornelio Agrippa y engreía de hostilidad hacia Aristóteles y Descartes.

»En 1652 tradujo al inglés *La fama* y *La confessio*.»

Veamos cómo se expresa en la introducción de este último libro:

«Estoy en medida de afirmar la existencia y la realidad de esta quimera admirada, la Fraternidad de la Rosacruz...» y, en el prefacio, añade: «Yo no tengo, por mi parte, ninguna relación con esas gentes... La atención que yo les presté primero fue despertada por sus libros, pues los he reconocido como verdaderos filósofos... Sus principios están enteramente de acuerdo con la antigua y primitiva sabiduría; son incluso conformes a nuestra propia religión al confirmar todos sus puntos... La sabiduría y la luz han venido de Oriente y es de esta fuente viviente de donde los Hermanos de la Rosacruz han extraído sus aguas salutíferas».

Entre otras obras, Vaugham escribió *La puerta abierta del palacio cerrado del rey*.

Según Sédir, no debe confundirse a Eugenius Philalethes con su discípulo George Starkey, cuyo seudónimo fue Irenaeus Philalethes.

En realidad parece ser que fueron tres los autores que llevaban el nombre de Philalethes. Pese a las dificultades de atribución de nombres, parece que Philalethes es Childe y que Starkey es sólo un discípulo de un Philalethes desconocido.

En lo que concierne a las traducciones de los *Manifiestos*, es útil releer la nota de Frances A. Yates:[6] «Se dice en *La fama* y en *La confessio* que *La fama* fue difundida en cinco lenguas. A excepción de la edición holandesa, editada probablemente en Amsterdam en 1617 (y reeditada por Santing), no se ha hallado rastro alguno de las primeras traducciones impresas.

»Estas primeras traducciones en otras lenguas circularon probablemente en forma de manuscritos.

»Es cierto que unas traducciones inglesas manuscritas circularon mucho tiempo antes de la publicación de Vaughan en 1652. Vaughan informa en su prefacio que se ha basado sobre una traducción escrita "por mano desconocida". Pryce ha demostrado en su introducción a *La fama* y a *La confessio* (p. 3-8) que la traducción editada por Vaughan corresponde muy estrechamente al manuscrito de una traducción en dialecto conservada entre los papeles del conde de Crawford y Balcarres, fechada en 1633. Pryce piensa que el manuscrito de Crawford y el manuscrito copiado por Vaughan están extraídos los dos de un original más antiguo, anterior a 1633.

»La traducción inglesa del manuscrito perteneciente a Ashmole, y del cual había hecho una copia, es todavía más antiguo.»

La vida de este adepto se desenvolvió en una oscuridad muy rosicruciana. Cambiaba de nombre en los países donde se instalaba. En América fue el doctor Zheil, en Holanda Carnobius, etc. Su verdadero nombre sería Lenglet du Fresnoy, según E. Waite, que estudió a fondo el caso de este adepto consumido, sin duda alguna, de una gran nobleza intelectual y de una alta inspiración religiosa.

Von Ratichs Brotoffer

En 1616, Von Ratichs Brotoffer publicó en el editor Vogt un pequeño libro en octavo de 85 páginas, titulado: *Aclaración química o Aclaración y Explicación precisa de aquello que en su* Fama *los hermanos de la RC, a propósito de la reforma del Universo, han dis-*

frazado bajo términos alegóricos en lo concerniente a los secretos químicos de la piedra filosofal.

Este alquimista luxemburgués (Christoffer) reeditó varias veces esta obra desde 1617, hasta alcanzar un libro de 234 páginas en doceavo. En él ofrece este comentario sobre *Las bodas químicas*:

«El primer día es el de la destilación. Cuando se habla del techo de la torre, nos sugiere un abanico; el anciano de barba que ordena callarse a la multitud, es el recipiente; a continuación se efectúa la rectificación por el azufre de todas las impurezas que permanecen adheridas al recipiente.

»El segundo día describe las propiedades de la piedra en la primera y segunda operación. La alta montaña es así la primera disolución; el fondo de la vasija es la tierra.

»En la tercera jornada la ciudad está representada por el recipiente de cristal; la virgen es el doble del mercurio; su hermano es el azufre y la vieja es la tierra coagulada.»

Podemos además hallar la separación de lo puro y de lo impuro, de la sangre del león rojo y del gluten del águila blanca. Después de diversas preparaciones, con la putrefacción aparece el color negro.

Spinoza (1632-1677)

Baruch von Spinoza, judío de origen portugués, nació en Amsterdam en 1632 y creció en la atmósfera liberal de Holanda. Spinoza, prendado de la Biblia y del Talmud, fue un espíritu universal.

En 1656, a los veinticuatro años, Spinoza fue excluido de la comunidad israelita y tuvo que refugiarse en La Haya, entre los estudiantes protestantes. Más adelante fue nombrado consejero de Juan de Witt, Gran Pensionista.

En 1670 publicó el *Tratado teológico político*, donde demuestra que la filosofía debe interesarse por los asuntos de la ciudadanía. Este libro fue prohibido en 1672 por los orangistas.

Spinoza preconizó la libertad bajo todas sus formas. Pensó que Dios es la propia naturaleza. En la *Ética*, hace la distinción entre la «natura naturante» y la «nature naturada», términos que serán posteriormente retomados por Stanislas de Guaïta y por Papus. Su influencia es grande sobre numerosos espíritus afectos a las ciencias secretas.

3. Los movimientos rosicrucianos del siglo XVIII

Rosacruces y rosicrucianos

La Fraternidad de la Rosacruz no nos es conocida más que a través de sus tres *Manifiestos* y por las innumerables discusiones en torno a ese mito. Ignoramos los lugares de sus eventuales reuniones, sus rituales, y ni siquiera ha llegado hasta nosotros ni un solo nombre de sus adheridos. Abordemos ahora unas sociedades que van a estructurarse, que van a agrupar a sus adherentes en lugares precisos y que incluso van a poseer rituales. Estas organizaciones modernas pueden ser calificadas de rosicrucianas. Vemos qué nos dice René Guénon:[1]

«Parece que lo mejor sería establecer una distinción neta entre rosacruces y rosicrucianos, pudiendo este último término adquirir sin inconveniente alguno una más amplia extensión que el primero. Es probable que la mayor parte de los pretendidos rosacruces, comúnmente designados como tales, no fueron verdaderamente más que rosicrucianos. Para comprender la utilidad y la importancia de esta distinción, en primer lugar debemos recordar que, como ya hemos dicho antes, los verdaderos rosacruces jamás han constituido una organización con formas exteriores definidas, y que hubo sin embargo a partir del comienzo del siglo XVII numerosas asociaciones que se pueden calificar de rosicrucianas, lo que en absoluto quiere decir que sus miembros fueran rosacruces. Se puede incluso tener la seguridad de que en absoluto lo eran, y esto por el solo hecho de que formaban parte de tales asociaciones...»

René Guénon indica la distinción entre los dos términos:

«El término de rosacruz es propiamente, como hemos explicado, la designación de un grado iniciático efectivo, es decir, de un cierto estado espiritual, cuya posesión, evidentemente, no está ligada necesariamente al hecho de pertenecer a una cierta organización definida. Lo que representa es lo que se podría llamar la perfección del estado humano, porque el símbolo mismo de la rosacruz figura, por los dos elementos que la componen, la reintegración del ser en el centro de ese estado y la plena expansión de sus posibilidades individuales a partir de ese centro. Marca pues muy exactamente la restauración del "estado primitivo" o, lo que viene a ser lo mismo, el remate de la iniciación a los "pequeños misterios".»

Según la leyenda, los Hermanos de la Rosacruz se retiraron de nuestro mundo y muy misteriosamente conservaron unos poderes. Estos «Superiores Desconocidos» han dado así origen a gran número de leyendas, a veces incluso a las más extravagantes. Toda una mala literatura los fabula de poderes extraordinarios que les permitirían dirigir el conjunto de nuestra sociedad humana. René Guénon, con mayor acierto, asocia su lugar de retiro a un pensamiento más espiritual.

«Sería inútil el tratar de determinar "geográficamente" el lugar donde los rosacruces se han retirado; de todos los asertos que se encuentran respecto a este tema, el más verdadero es desde luego aquel según el cual se retiraron al "reino del preste Juan", aquel que no es otra cosa, tal como hemos explicado en otra parte (*El Rey del Mundo*, p. 13-15), más que una representación del centro espiritual supremo, donde en efecto están conservadas, en estado latente, hasta el fin del ciclo actual, todas las formas tradicionales que, por una u otra razón, han cesado de manifestarse en el exterior.»

Debo sin embargo evocar los movimientos rosicrucianos, principalmente aquellos que todavía existen actualmente y los cuales pueden aportar un cierto confortamiento a los miembros que forman parte de ellos. Pero desde el punto de vista iniciático es necesario admitir que esos grupos están al margen de la vía tradicional. Escuchemos de nuevo a René Guénon:

«Otro criterio negativo resulta del hecho que los rosacruces no se ligaron jamás a ninguna organización exterior; si alguno es conocido por haber sido miembro de una tal organización, se puede aún afirmar que, al menos en tanto que formó activamente parte, que no fue un verdadero rosacruz. Es de destacar, por otra parte, que las organizaciones de este tipo no llevan el título de Rosacruz sino muy

Alegoría rosacruz de Robert Fludd, *Summum Bonum*, Frankfurt, 1626.

tardíamente, puesto que no se le ve aparecer así, tal como indicábamos más arriba, hasta comienzos del siglo XVII, es decir, poco antes del momento en que los verdaderos rosacruces se retiraron de Occidente. Es incluso visible, a través de numerosos indicios, que aquellos que entonces se dieron a conocer bajo ese título de rosacruces estaban ya más o menos desviados, o en todo caso muy alejados de la fuente original. Con mayor razón sucede lo mismo en las organizaciones que se constituyeron más tarde bajo el mismo vocablo, y cuya mayor parte no habrían podido reclamar, en relación a la Rosacruz, ninguna filiación auténtica y regular, aunque fuese indirecta. Y no hablamos, desde luego, de las múltiples formaciones seudoiniciáticas contemporáneas que no tienen de rosicruciano más que el nombre usurpado, que no poseen traza alguna de cualquier doctrina tradicional y que sencillamente han adoptado, por inicitiva absolutamente individual de sus fundadores, un símbolo que cada cual interpreta siguiendo su propia fantasía, desconociendo incluso el verdadero sentido, que escapa absolutamente tanto a esos pretendidos rosicrucianos como a cualquier profano.»

La Rosacruz de Oro

Las bodas químicas hicieron nacer el gusto de lo maravilloso, la atracción del valor alquímico. Unos inspirados, pero también unos impostores, desarrollaron los principales argumentos: realizar una panacea capaz de curar a todas las personas, hacer oro filosófico, tener la posibilidad de volverse invisible, de comunicar a distancia. Muy a menudo esos hombres, encargados de transmitir esos extraños poderes adquiridos de sus maestros invisibles, no quieren efectuar esa transmisión sino contra pago. Se mercadea con los secretos. Es el caso de Petrus Mormius, quien en 1630, volviendo de España, encontró en el Delfinado a un anciano llamado Rose y el cual pretendía haber pertenecido a la Rosacruz de Oro.

Una sociedad alquímica constituida en Nuremberg en 1654 toma igualmente este nombre y funciona hasta 1700. Leibniz recibió una iniciación, de la cual René Guénon dice que fue «simplemente virtual y por otra parte incompleta, incluso en su aspecto teórico» (*Los principios del cálculo infinitesimal*). Algunas de las concepciones de Leibniz son, sin embargo, de inspiración rosicruciana. De nuevo el problema de la Rosacruz inquietaba a muchas conciencias, tanto más porque se abría una polémica entre protestantes y jesuitas, sospechosos estos últimos de utilizar el mito de la Rosacruz para propagar sus ideas.

En 1714 apareció en Breslau la *Teofilosofía teoreticopráctica o Verdadera y Perfecta Preparación de la Piedra filosofal por la cofradía de la Rosacruz de Oro*, escrita por Sincerus Renatus, en realidad Samuel Richter. Este autor, pastor silesiano, compiló diversas obras alquímicas y «publicó los reglamentos de una pretendida sociedad secreta cuyos miembros trabajaban en la gran obra», escribe Le Forestier.[2]

La obra presenta la atmósfera general: «A fin de actuar honestamente hacia el benévolo lector, es preciso que sepa que este tratado

René Guénon (Foto extraída de los *Cahiers de l'Homme-Esprit*, n.º 3, 1973).

no es mi propia obra, sino la de un profesor del arte, al que en absoluto debo nombrar, y quien me entregó una copia de la misma.

»Que sepa también el lector que este tratado no ha llegado públicamente a las manos de nadie. Que da la verdadera práctica de la Rosacruz y, al mismo tiempo, la organización de ésta y además nombra los dos lugares donde siempre han acudido a reunirse, lugares que actualmente se han cambiado, pues el uno y el otro ya no se hallan en Europa, pues, desde hace unos años, se han ido a las Indias a fin de poder vivir tranquilos.»

La obra de Sincerus Renatus está dividida en tres partes, la primera y la tercera consagradas a la alquimia. Sédir las analiza en su *Histoire de la doctrine des Rose-Croix*:

«Si se compara los "artículos" editados por Sincerus Renatus con los *Manifiestos* de los años 1614 y 1620, se encuentran diferencias considerables.

»En aquéllos el puro espíritu del Evangelio..., en éstos el silencio, el incógnito austero, el alejamiento de la belleza, el celibato, una caridad fría y desdeñosa, unos años de esfuerzos hacia una finalidad desconocida...

»Es más, aquellos que quieran servirse del nombre rosacruz se acantonarán desde ahora en la práctica de la alquimia y de la magia.»

La palabra secreta de los alquimistas (*Symboles secrets des Rosicruciens des XVIe et XVIIe siècles*, Altona, 1785; reedición Bibliothèque Rosicrucienne, 1988).

Sédir emite la hipótesis de que la segunda floración de la Rosacruz habría estado situada bajo la influencia de religiosos católicos.

Damos a continuación la traducción de los cincuenta y dos artículos que estructuraban la Rosacruz, no en absoluto como un «colegio» de invisibles iguales entre sí, sino como una sociedad secreta, jerarquizada:

1. El número de los miembros de la Fraternidad, que primero era de veintitrés, podrá alcanzar ahora los sesenta y tres, pero nunca más.

2. Uno de los treinta y seis artículos de *La confessio* prohíbe aceptar a los papistas en la sociedad sin antes haber conciliado todas las opiniones; se prohíbe informarse sobre las creencias de los hermanos, pues cada uno de ellos debe vivir su propia religión sin que nadie pueda pedirle cuentas.

3. Cuando muera nuestro actual imperator, se eligirá otro y éste conservará su dignidad de por vida; el antiguo uso de cambiar cada diez años de imperator, queda pues abolido.

4. El imperator deberá conocer el nombre y la patria de todos los miembros, así como la indicación del país en que habitan, para que puedan ayudarse entre ellos en caso de necesidad. El imperator será elegido por unanimidad. En previsión a nuestras futuras reuniones, hemos constituido dos casas, una en Nuremberg y otra en Ancona.

5. Se decreta que dos o tres hermanos no pueden iniciar a un neófito sin la aprobación del imperator.

6. Cada discípulo debe obedecer a su maestro hasta la muerte.

7. Los hermanos en absoluto deben comer juntos, salvo el domingo. Sin embargo, cuando trabajan juntos, sí pueden vivir y comer juntos.

8. Si un padre tiene un hijo al que elegir, o un hermano a su hermano, que no lo haga sino después de haber cuidadosamente examinado y probado su naturaleza, a fin de que no se pueda decir que el arte es hereditario.

9. Los hermanos no pueden hacer su profesión a un discípulo sin haberle enseñado por la práctica y haber hecho muchas operaciones (alquímicas).

10. Son necesarios dos años de aprendizaje. Los hermanos deben instruir poco a poco al discípulo en la grandeza de la congregación; después se informa al imperator de su nombre, cualidad, profesión, patria y antecedentes.

11. Cuando dos hermanos se encuentran, el primero saluda al otro con estas palabras: *Ave, frater*; el segundo responde: *Roseae et Aureae*. El primero prosigue: *Crucis*, y entonces los dos dicen juntos: *Benedictus Dominus, Deus Noster, qui debit nobis signum*, y se muestran entonces el sello. Si se desenmascarara a un falso hermano, habría que huir de la ciudad y no volver por su alojamiento.

12. Se ordena expresamente, cuando un hermano haya recibido el magisterio, que se comprometa ante Dios de no servirse para sí, de no perturbar un reino ni servir a un tirano, sino que se haga el ignorante y diga que ese magisterio no es más que un engaño.

13. Está prohibido hacer imprimir libros (explícitos) sobre nuestro secreto y también publicar nada que vaya contra el arte.

14. Cuando los hermanos quieran hablar entre ellos de nuestros secretos, que elijan un lugar secreto.

15. Un hermano puede dar la piedra (filosofal) a otro, pero en absoluto puede venderla o cambiarla.

16. Está prohibido hacer ninguna proyección ante quienquiera que sea, si no es de los nuestros.

17. Los hermanos no deben tomar mujer.

18. Se ordena no provocar el éxtasis ni ocuparse de las almas de los hombres y de las plantas.

19. Está prohibido darle la piedra a una mujer preñada, pues abortaría.

20. Está igualmente prohibido servirse de la piedra para la caza.

21. Cuando se lleva la piedra encima, está prohibido pedir una gracia a quienquiera que sea.

22. Está prohibido hacer perlas y piedras preciosas más gruesas que aquellas que se ven habitualmente.

23. Está prohibido revelar cualquier manipulación, congelación o disolución de la materia primera.

24. Si un hermano quiere darse a conocer en una ciudad, irá el día de Pascuas, al amanecer, cerca de la puerta más oriental, y se quedará extramuros, mostrando, si es hermano de la Cruz de Oro, una cruz roja; si es rosacruz, mostrando una cruz verde. Si ve acercarse a otro hermano, se saludarán.

25. El imperator cambiará, cada diez años, su nombre, su residencia y su seudónimo, todo ello con el mayor secreto.

26. Cada hermano, después de haber sido recibido, cambiará su nombre y apellido, y se rejuvenecerá con la piedra. Hará esto mismo cada vez que cambie de país.

27. No se quedará más de diez años fuera de su patria. Informará al imperator de los países a los cuales viaja y de los seudónimos elegidos.

28. No se debe trabajar al menos antes de un año de estancia en un lugar cualquiera para ser reconocido: huir de los *profesores ignorantes*.

29. Que ningún jefe muestra jamás su riqueza; que se guarde de los fanáticos; que no acepte nada de los monjes.

30. Cuando los hermanos trabajan, que empleen como ayudantes subalternos a personas ancianas.

31. Cuando un hermano quiera renovarse (rejuvenecer), tendrá que cambiar de país; y no deberá volver al antiguo reino antes de haber vuelto al estado en que se hallaba cuando se marchó.

32. Cuando los hermanos comen juntos, aquel que les ha invitado debe intentar aconsejarles.

33. Que los hermanos se reúnan, en Pascuas, en una de nuestras casas, para comunicarse el nombre y la residencia del imperator.

34. Cuando los hermanos viajan, no deben ocuparse de las mujeres, sino tener sólo uno o dos amigos, a ser posible no iniciados.

35. Cuando el hermano abandona un lugar, que no diga a dónde va; que venda lo que no pueda llevarse consigo, y que dé a su anfitrión la orden de distribuir el producto entre los pobres si no ha regresado en seis semanas.

36. El viajero llevará consigo la piedra filosofal en polvo (no en aceite).

37. No hará ninguna descripción escrita de la operación del magisterio, a no ser en cifrado secreto.

38. El viajero no comerá nada sin haberlo probado previamente, a menos que haya tomado la mañana antes de partir un grano de la medicina, en la sexta proyección.

39. Ningún hermano dará a un enfermo la sexta proyección, a no ser que el enfermo sea otro hermano.

40. Si, trabajando con los otros, un hermano es interrogado sobre su estado, responderá que es novicio e ignorante.

41. Cuando un hermano acepte un discípulo a su lado, que no le enseñe todo.

42. Un hombre casado no será aceptado. Cuando se quiera elegir un sucesor, que éste tenga los menos amigos posibles. Jurará no comunicarles el menor secreto.

43. Cuando un hermano quiera tener un heredero espiritual, puede hacer nombrarlo *profeso*, después de diez años de disciplina. Y sólo será después de la confirmación del imperator que podrá nombrarlo su heredero.

44. Si por accidente o por imprudencia un hermano fuera descubierto por un potentado, deberá preferir morir antes que traicionar su secreto. Nosotros estamos dispuestos a comprometer nuestra vida para librar a uno de los nuestros; si muere, lo consideraremos como un mártir.

45. La recepción debe hacerse en uno de nuestros templos, ante seis hermanos, después de que el neófito haya sido instruido durante tres meses. He aquí la fórmula: «Yo, N. N., prometo al Dios eterno y vivo no revelar a ningún hombre el secreto que me habéis comunicado; pasar mi vida con el signo oculto; no revelar la menor cosa de los efectos de este secreto, por mí conocidos, leídos o aprendidos de vuestra bocas; ni decir nada del lugar de nuestra Fraternidad, del nombre del imperator, de no mostrar la piedra a nadie. Sobre todo esto prometo eterno silencio, incluso con riesgo de mi vida; en fe de lo cual, que Dios y su Verbo me ayuden.»

A continuación se cortan al recipendiario siete mechas de cabellos y se envuelven éstas en un papel con su nombre. Al día siguiente, se hace una comida en común, servida en silencio, y al salir los invitados se saludan con estas palabras: «*Frater Aureae (vel Roseae) crucis, Deus sit tecum cum perpetuo silentio Deo promissio et nostrae sanctae congregationi.*» Esta ceremonia se repite tres días.

46. Después de estos tres días, cada cual hace una limosna a los pobres.

47. Pueden después permanecer juntos en una de nuestras casas, pero no más de dos meses.

48. Durante este tiempo, el nuevo hermano será instruido por los otros.

49. Se prohíbe a los hermanos más de tres éxtasis mientras están en nuestra casa.

50. Los hermanos deben llamarse por los nombres que les han sido dado el día de su profesión.

51. Pero ante los extraños, deben nombrarse según su nombre civil.

52. Debe darse el nuevo hermano el *nomen* del último muerto.

La Rosacruz original, la de *La fama* y *La confessio*, fue un colegio invisible, una Iglesia interior, una fraternidad. Sin organización, reunía en un ideal común a unos hombres predestinados, o que se estimaban como tales, a quienes el Altísimo había confiado una misión: sabios, eruditos, clérigos, iniciados. Ningún grado jerárquico les separaba. Se reunían raramente, pero estaban unidos por una mutua estima, por la plegaria y por sus aspiraciones comunes. Se correspondían por medio de un lenguaje ininteligible para los profanos. La Rosacruz de Andreae no tenía estructura.

La organización de la Rosacruz de Oro es muy distinta. Es una sociedad secreta y no una fraternidad libre que comporta una jerarquía de grados, una o varias ceremonias de iniciación, una investigación previa antes de la admisión que, en sí, está supeditada ya sea a una votación o ya sea al *nihil obstat* del imperator y de un consejo de dirección. El rosacruz de oro lleva un anillo, una joya pectoral, y se hace reconocer según la fórmula habitual, «por palabras, señas y toques», si bien muy pronto la Rosacruz de Oro apareció como una francmasonería particular.

Sédir añade: «Tienen señas de reconocimiento que cambian cada año. Llevan una joya hecha de una cruz y de una rosa que llevan bajo el hábito, del lado izquierdo, colgada con una cinta de seda azul. Poseen una carta sellada de su imperator. Cuando se encuentran entre ellos, intercambian las palabras de reconocimiento siguientes:

– *Ave frater*
– *Rosae et Aureae*
– *Crucis*
– *Benedictus Deus Dominus qui nobis debit signum.*»

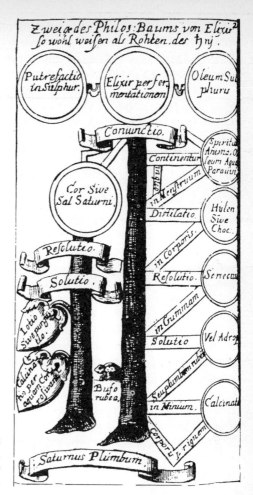

Esquema de la transmutación metálica, según los discípulos de Sincerus Renatus.

Sincerus Renatus da algunas precisiones sobre el rito de iniciación, el cual se esboza en el precepto 45. Después de un período probatorio de dos años y tres meses, el neófito es recibido en el templo en presencia de seis rosacruces. Se le hace entrega del signo de la paz (una hoja de palma) y se le besa tres veces ordenándole el secreto absoluto.

Tras lo cual, vestido con un «hábito pontifical» y flanqueado a la derecha por un padrino y a la izquierda por un «director», el candidato se arrodilla ante el imperator (o su mandatario) y jura guardar silencio sobre los secretos y misterios que le van a ser revelados. El

115

maestro le corta siete mechones de cabello, los cuales guarda en siete sobres que seguidamente son sellados por un asistente. A continuación tienen lugar unos ágapes en el transcurso de los cuales se parte el mismo pan y se bebe el vino en la misma copa. Se separan mediante estas fórmulas: «Hermano de la Cruz de Oro (o de la Rosa roja), Dios sea contigo en el silencio eterno prometido a' Dios y a nuestra santa asamblea». «Amén», responde el recipendario, al cual se le entrega la joya de la orden: una cruz de san Andrés timbrada, en cada uno de sus ángulos, con la letra C, y debajo de ella una rosa de de doce pétalos concéntricos. Las cuatro C significan: *Crux Christi Corona Christianorum*.

Para escribirse entre ellos, los adeptos usan un alfabeto secreto llamado enochiano.

Inicialmente, la jerarquía de la Rosacruz de Oro comportaba nueve grados: junior, teórico, práctico, filósofo menor, filósofo mayor, adepto ejemplar, magista, mago y mago de los magos. Después se añadieron los grados de vicario de Salomón y el de rey Salomón. En la cima de esta pirámide de once grados, se situaba el duodécimo, el cual constituía el piramidón o *Elías Artista*.

A la inversa de los rosacruces primitivos, los rosacruces de oro se reunían, en fecha fija, en un *templum* sagrado y consagrado. Cada círculo tenía un despacho similar al comité de un taller masónico: un director, un senior, un junior, un actuarius y un elemosinario (un tesorero). Cinco círculos formaban una *cadena* sometida a la obediencia de una dirección superior compuesta por tres adeptos, de los cuales solamente uno de ellos era conocido por los grados inferiores. Finalmente cada dirección suprema obedecía, *perinde ac cadaver*, a uno o a varios superiores desconocidos, de los cuales nadie conocía su identidad. Se correspondían mediante notas que se quemaban una vez leídas.

Los rosacruces de oro eran poco numerosos, pero influyentes en el mundo profano. Un cierto número de ellos eran potentados, ministros, favoritos de los príncipes... ¡Otros eran hábiles charlatanes!

La rosacruz de oro honraba a Elías Artista, el ángel de la Rosacruz que existe desde toda la eternidad. ¿*Elías Artista* es el mismo Elías, quien, como Enoch, ha de regresar cuando llegue el fin de los tiempos? Ellos son su espíritu, precursores del Templo del Espíritu Santo, y nos recuerdan también a Melquisedec, quien, por su sacrificio, prefigura el misterio de la eucaristía. He evocado[3] a este misterioso personaje, que figura en el Génesis (14), en la Epístola a los

Emblema de la Rosa Cruz de Oro (*Symboles secrets des Rosicruciens des xvi* *et xvii* *siècles, op. cit.*).

hebreos (7) y en los Salmos (110), y debo repetir que la orden de Melquisedec es también un sacerdocio.

Stanislas de Guaïta se asomó a este misterioso Elías Artista. Veamos qué dice de él:

«[Elías Artista] no es la luz. Pero, como san Juan Bautista, su misión es rendir testimonio a la luz de gloria que debe irradiar de un nuevo cielo sobre una tierra rejuvenecida. ¡Qué se manifieste mediante consejos de fuerza y que desmonte la pirámide de las santas tradiciones, desfigurada por esas capas heteroclitas de detritus y de revoques que veinte siglos han acumulado sobre ella!

»Y que finalmente, por él, se abran las puertas al advenimiento del Cristo glorioso, en el nimbo mayor de quien se desvanecerá, una vez su obra cumplida, el precursor de los tiempos por venir, la expresión humana del santo Paracleto, del daimón de la ciencia y de la libertad, de la sabiduría y de la justicia integrales: Elías Artista.»

Guaïta ya había escrito: «Elías Artista es infalible, inmortal, inaccesible a las imperfecciones como a la deshonra y los ridículos de los hombres de carne que se ofrecen a manifestarlo. Espíritu de luz y de progreso, se encarna en los seres de buena voluntad que le evocan».

Algunos siglos antes, en su *De Mineralibus*, Paracelso había profetizado: «¡Helias Artista! ¡Genio rector de los rosacruces, personificación simbólica del orden! ¡Embajador del santo Paracleto! Paracelso el Grande predice la venida, con colectivo aliento de generosas reveindicaciones, del espíritu de libertad, de ciencia y de amor que debe reinar sobre el mundo».

Y en su *Pronostication*, Paracelso escribió igualmente: «Triste época la nuestra donde todo se hace sin sentido... Pero contigo, constantemente de acuerdo contigo mismo, todos los asuntos serán estables; porque tú has edificado sobre la buena piedra. Tal la montaña de Sión, nada podrá quebrantarte. Todas las cosas favorables te sucederán tal como deseas, si bien que, confundidos, los hombres gritarán milagro... ¿Quién es el que debe venir así? El, el Espíritu radiante de la enseñanza del rosacruz: ¡Elías Artista!».

Esto nos conduce a un notable incidente: Paracelso murió en 1540; la Rosacruz no se manifestó, en Alemania, hasta 1610. O bien (como se dice a menudo) la *Pronostication* es una obra apócrifa, o bien, en una estricta clandestinidad, la Rosacruz no existía antes de la publicación de *La fama*.

Bajo la supuesta firma de Helias Artista, apareció en Hamburgo, hacia 1701, un *Mutus Liber* de gran interés, ya que sugiere, a través de figuras simbólicas, la tradición rosicruciana, aunque no aclare sin embargo el misterio de Elías Artista.

En 1737, apareció la *Oculta Philosophia* de Ludwing Conrad Orvius. Este texto se supone que fue redactado en 1635: una sociedad secreta posee la piedra filosofal y, gracias a ella, tiene palacios en La Haya, Amsterdam, Nuremberg, Hamburgo, Dantzing, Mantua y Venecia. Como signo distintivo, los miembros de la sociedad llevan un cordón de seda negra.

Pese a que otras obras aparecen en esta época, fechadas con anterioridad a su impresión real para presentarse como publicadas antes que *La fama*, conviene distinguir de este conjunto la *Aurea Catena Homeri*, publicada en 1781 en Berlín y Leipzig, escrita por Herwerd von Forchenbrunn y publicada bajo el seudónimo de Homerus. Goethe fue sensible a su armonía fantástica, pero no se puede deducir que el genial escritor, francmasón, hubiese pertenecido a la Rosacruz de Oro.[4]

Es principalmente en torno al año 1755 cuando unos alquimistas recuperan el libro de Ritcher, estudian los preceptos que en él figuran y, formando pequeños grupos, se dispersan rápidamente por toda Europa, principalmente por Holanda. Estos rosacruces de oro afirman ser los herederos de los templarios y, según ellos, su asociación es la depositaria de secretos celosamente conservados. La francmasonería, entonces muy floreciente, se interesa por aquellos cenáculos que se supone poseían la «palabra». Todo un aparato místi-

Segunda plancha del *Mutus Liber*.

co nace a partir de una improvisación literaria, y es quizás en esos grupos donde es preciso buscar la pretendida filiación templaria de la masonería.

En las grandes ciudades se formaron numerosos círculos de la Rosacruz de Oro, y Estanislao II, rey de Polonia, se afilió a uno de ellos. Estos grupos eran sociedades organizadas, a menudo con dos grados. Entre sus símbolos hay algunos de los empleados por la masonería: la columna Booz caída, la columna Jakin casi rota, el ataúd de Hiram, la hoja de acacia, la sal, el azufre, el mercurio.

Es menester reconocer que la época es propicia para esta clase de eclosión. En el siglo de las Luces, vuelto hacia el hermetismo, los grandes amantes de las ciencias secretas se reclutaban fácilmente en Alemania. Antoine Faivre, estudiando una gran figura, *Eckartshausen*, escribe: «Este deseo de instruirse, reuniéndose, de confrontar sus opiniones en el seno de una sociedad fraternal, participa tanto de las "Luces" como del iluminismo, que tienen como denominador común una sed de conocimiento universal y la exaltación de las posibilidades del hombre».

Al lado de los prodigios creados por el conde de Saint-Germain, por Cagliostro, por las curas de Mesmer, evocamos los salones de Madame de Staël, de Madame de Krüdener, en la marquesa de la Croix. Federico Guillermo II, rey de Prusia, fue iniciado en una logia berlinesa bajo el nombre de Ormesus Magnus, y Fernando de Brunswick llegó a ser uno de los jefes de la francmasonería alemana. El príncipe de Wurtemberg, los reyes de Dinamarca, de Suecia, fueron masones. Alejandro I de Rusia entrevió, bajo la dirección de su bella iniciadora, Madame de Krüdener, la Santa Alianza, que entonces era concebida sólo en un plano místico. Augusto Viatte, Alain Mercier, Jacques Roos, mostraron la influencia de los magnetizadores, de los espiritistas, sobre los movimientos de pensamiento y los grupos literarios. Emanuel Swedenborg, nacido el 29 de enero de 1688 de un padre que era obispo luterano, doctor en filosofía a los veintiún años, miembro de las academias de Upsala, de Estocolmo y de San Petersburgo, comerció con los ángeles, las almas de los difuntos, a partir de 1743. Aparte de sus estudios matemáticos y físicos, este visionario es un profeta que dejó su impronta en los grandes espíritus: Kant, Novalis, Ballanche, von Baader. Swedenborg murió en Londres en 1772 y es en esta ciudad donde se crearon, en 1783, la Sociedad teosófica y swendenborgiana y la iglesia de La Nueva Jerusalén. Una secta sewendenborgiana se instaló en Estocolmo y en 1786, y otra en Moscú en 1787.

J. Perreal, *Remontrances de Nature à l'alchimiste errant*, 1516.

Swedenborg tuvo una influencia decisiva sobre la literatura francesa, tanto sobre Balzac como sobre Gérard de Nerval, Baudelaire o George Sand. Saint-Yves d'Alveydre utiliza los mitos propios del iluminismo para preparar las vías del pensamiento espiritualista, en espera de una revolución religiosa en que la Iglesia de San Juan sustituya a la fundada por Pedro.

Las doctrinas swedenborgianas, la escuela del Norte de Copenhague y el sistema Gottorp, que se basaba sobre la Tri-Unidad del Señor Cristo, tuvieron una gran influencia sobre las teorías masónicas, y más particularmente sobre los principios de los caballeros Benefactores de la Ciudad Santa, último grado del Rito Escocés Rectificado.

Gaspar Lavater, pastor de Zurich, busca a partir de 1768 el nexo de unión de todos aquellos grupos místicos, pero, sin embargo, se mantiene al margen de todo cenáculo: «Yo no soy ni seré jamás de ninguna secta, de ningún partido, de ninguna especie de sociedad secreta». La Rosacruz de Oro no es sin embargo un grupo homogéneo; cada «círculo» es independiente y no tiene relación con las demás agrupaciones locales; los jefes de cada uno de esos grupos tienen relaciones, pero no existe ninguna jerarquía entre ellos. Pero se atribuyen unos ancestros según los cuales una Aurea Crucis habría sido fundada hacia 1570; una de sus ramas, la Rosae Crucis, habría tenido un carácter menos esotérico. Pero no poseemos ningún documento que pruebe estas filiaciones.

La Rosacruz de Oro del Antiguo Sistema

Acabamos de constatar el nacimiento de un sistema masónico rosicruciano que se estructura cada vez más. En 1777, la Logia de los Tres Globos, de Berlín, tuvo por gran maestre al duque Federico Augusto de Brunswick, logia que reformó los rituales y creó la Rosacruz de Oro del Antiguo Sistema. Las instrucciones de la orden se compusieron a partir de los escritos de Michel Maier, de Khunrat. El fundador de la orden sería Ormus, sacerdote de Alejandría bautizado por el evangelista Marcos. Dirigida por siete magos, esta sociedad conservaba los secretos de Moisés, de Salomón y de Hermes. Después del fracaso de las cruzadas el año 1118, los hermanos se habían dispersado a través del mundo. Tres de ellos habrían llegado a

Escocia y fundaron un centro en 1196, en el cual fue Admitido Ramón Llull (1232-1326). Los altos grados, pues, ya habrían existido: eran la élite de la francmasonería.

J. W. Schroder, profesor de medicina de la Universidad de Marburg, gran experto en conocimientos herméticos, hace una activa propaganda de la Rosacruz de Oro del Antiguo Sistema hasta su muerte en 1778. Otro recluta de élite fue Christof Œtinger, discípulo de Jacob Böhme, introductor en Alemania del pensamiento de Swedenborg. Se encuentran a la cabeza de esta orden dos personajes de una ambición sin escrúpulos, Rudolf Bischoffswerder (1714-1803) y Johann Christoph Woellner (1732-1800), evocados por Antoine Faivre en su libro tan precioso.[5] El primero era un antiguo oficial que, después de la guerra de los Siete Años, ingresó en el grupo masónico de la Estricta Observancia Templaria, desde el cual se dedicó a practicar el ocultismo junto con investigaciones de baja estofa. El segundo fue un antiguo pastor de la Marcha de Brandenburgo que pertenecía también a la Estricta Observancia Templaria. Gracias a esta vinculación ambos llegaron a adquirir importancia en la Logia de los Tres Globos de Berlín, ciudad desde la cual iba a irradiarse este nuevo grupo rosicruciano.

La Rosacruz de Oro del Antiguo Sistema publicó gran número de revistas con títulos muy atrayentes. Esta sociedad se proclamaba como la única representante de la francmasonería auténtica, afirmando poseer secretos sobre la transmutación de los metales y poseer también el poder de curar a los enfermos.

Efectivamente, Bischoffswerder y Woellner, que acababan de curar al príncipe Federico Guillermo (1744-1797), sobrino y presumible heredero del rey de Prusia Federico el Grande, decidieron hacer aparecer unos espíritus ante el crédulo príncipe. Gracias a Steinert, un ventrílocuo e ilusionista poco delicado, y utilizando un juego de espejos, hicieron aparecer, entre unas salvas de truenos y relámpagos, a los espíritus de Julio César y de Leibniz. El príncipe Federico Guillermo decidió afiliarse a la Rosacruz y su recepción tuvo lugar en el castillo de Charlottenburg, donde de nuevo aparecieron Leibniz y Marco Aurelio. Cuando Federico Guillermo II subió al trono, en 1786, nombró a Woellner ministro de Cultos y a Bischoffswerder ministro de la Guerra. En el interín Steinert se había marchado para ponerse al servicio de los rosacruces de Berlín. Según dice Le Forestier, muchos objetos de valor se volatilizaron durante ciertas experiencias «alquímicas», tras las cuales, más de una vez, el estafado tuvo que denunciar el hecho ante la policía.

Esta nueva forma de la Rosacruz reclutó también al príncipe Federico de Brunswick y a J. H. von Ecker und Eckhoffen (1750-1790), consejero íntimo del rey de Polonia.

Por sus relaciones, tramadas en las más altas esferas, la importante Logia de los Tres Globos de Berlín, por sugerencia de la logia escocesa Federico León de Oro, publicó un manifiesto mediante el cual daba a conocer que se separaba de la Estricta Observancia Templaria y que mantenía sus vínculos con la Rosacruz de Oro del Antiguo Sistema.

Unas campañas muy enérgicas, sin embargo, llevaron a este grupo a su pérdida. En 1773, el papa suprimió la Compañía de Jesús. Algunas publicaciones acusaron a los jesuitas de animar a los grupos rosacruces y de haberse apoderado del mito para actuar sobre la francmasonería.

En el convento de Wilhelmsbad (julio-agosto de 1782), bajo la presidencia de Fernando de Brunswick, se consagró el predominio de los Caballeros Benefactores de la Ciudad Santa. La filiación templaria no tuvo allí más que un valor místico y la memoria enviada por Woellner para la Rosacruz de Oro del Antiguo Sistema, fue rechazada.

Los rosacruces de Oro del Antiguo Sistema profesaban unos principios teúrgicos emparentados con los de los Elegidos Cohens. Hablaban de las «facultades activas, de las ciencias secretas del Alto Orden que poseían los Hermanos Clericales» y aseguraban que «estos secretos no habían sido destruidos con ellos, que no había que buscarlos entre los antiguos pergaminos sino dirigirse hacia su fuente primitiva, que se oculta con celo, hacia un Orden existente desde el principio de los siglos». Se asociaron al cristianismo esotérico y mágico hablando de «el hombre-Dios, piedra angular del Templo y de la Naturaleza, donde ésta conservaba la bendición (potencia teúrgica).»

Pese al fracaso de Wilhelmsbad, la orden se desarrolla todavía en los países de la Europa del Este (Hungría, Polonia, Rusia), pero en 1786 se constata una fuerte disminución en la afiliación. El Estado austríaco limitó el número de logias masónicas mediante su edicto de 1785: la actividad rosicruciana se resintió tanto que no pudieron realizar el programa establecido por esta Rosacruz, programa que se proponía curar a los enfermos y divulgar los principios de la alquimia. Fallidas experiencias alquímicas desacreditaron a esta sociedad que, encima, entró en lucha con los Iluminados de Baviera, y más particularmente contra su dirigente Adam Weishaupt.

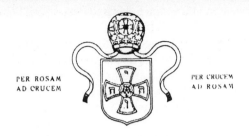

PER ROSAM
AD CRUCEM

PER CRUCEM
AD ROSAM

Ordo Aureae et Rosae Crucis
in Dania

Sᴄɪᴀɴᴛ omnes, quibus advenerint hae Literae:

Nos Supremus Archimagus et Imperator

ORDINIS FRATRUM AUREAE ET ROSAE CRUCIS IN DANIA

cum Collegio Supremo Magorum, in Fratrem nostrum venerabilissimum

Equitem a Petro vivente

qui nomen suum in margine scripsit, $\underline{IX}^{\circ}$ gradum Ordinis nostri, qui dicitur

——— *Magus* ————————— , contulimus et his Literis conferimus.

Datum Hᴀᴜɴɪᴀᴇ die 29° Mensis *Septembris* A. D. 1966.

Sᴜʙ Mᴀɴᴜs Nᴏsᴛʀᴀᴇ SɪɢɪʟʟɪQᴜᴇ Oʀᴅɪɴɪs Mᴜɴɪᴍᴇɴᴛᴏ.

Eques ab Opere Perfecto
Archimagus & Imperator Ordinis

Diploma librado por el imperator de la Rosacruz de Oro.

Woellner y Bischoffswerder, que deseaban conservar sus envidiables poltronas, suspendieron las actividades de su orden para evitar el escándalo.

Para comprender el atasco que sufrió la Rosacruz de Oro del Antiguo Sistema, aparte de las revelaciones que debía hacer sobre las fuerzas de la naturaleza, es preciso interrogarse sobre la estructura de esta orden, que se componía de nueve altos grados y cuya enseñanza era específicamente la alquimia. La célula madre del Círculo contaba con nueve miembros como máximo y los afiliados ignoraban la existencia de otros círculos. La dirección principal, formada por tres directores, tenía uno solo de sus miembros en relación personal con los directores de los círculos subordinados. Los directores principales estaban sometidos a un triunvirato del cual dos de sus miembros les eran desconocidos. Era, pues, un movimiento muy secreto en el que cada uno de sus miembros tenía tres seudónimos. Solamente utilizaban los dos últimos por orden de sus superiores, cuando el primer seudónimo había sido descubierto. Según Le Forestier, Woellner se llamaba Heliconus para los hermanos inferiores, Chrysiphiron para los juniors y Ophiron como director principal. De acuerdo con su «tradición sagrada», Adán recibió del Creador el Conocimiento, pero en la tradición se mezclaban también los misterios egipcios, griegos, caldeos, esenios y druídicos, amalgamando a la vez los textos de los alquimistas Maier, Welling, Glaser y Khunrath. Le Forestier destaca que hicieron reimprimir obras antiguas y las atribuyeron a Homerus, un autor de su orden.

En 1779, el régimen de los rosacruces de oro del Antiguo Sistema contaba con 26 círculos.

Tanto en *La Simbólica de la Rosacruz* como en mi obra en colaboración con Pierre Mariel, he dado extractos de rituales masónicos impregnados de alquimia. Podemos así constatar que estos nuevos grupos de la rosacruz, con sus lugares de reunión y sus rituales de iniciación, están muy cerca de la jerarquía masónica. Pero sus células interiores les acercan más a las sociedades secretas de carácter político, donde todos los miembros no pueden comunicarse entre ellos. Es innegable que el pensamiento alquímico ha penetrado de esta forma más profundamente que la masonería. Esta impregnación espiritual se hace patente en muchos de los rituales.

Los iluminados de Baviera

En Alemania, más que en cualquier otro país, se nota la huella dejada por el misticismo. Los movimientos alquímicos fueron allí muy numerosos.

Se puede pensar en los movimientos de los Despiertos. Franz von Baader, discípulo de Böheme y amigo de Louis-Claude de Saint-Martin y de Sailer, entró en contacto con el Pietismo (Lavater) y con las ortodoxias griega y rusa, con la teosofía mística. Baader participó hacia 1786 en el movimiento de los Despiertos (Erweckten), grupo de pensamiento religioso pero de doctrina heterodoxa (algunos miembros se apartaron del catolicismo para adherirse al protestantismo). «Estos despiertos están en un estado de felicidad interior porque el Cristo está en ellos. Es la razón por la cual no conocen el pecado mortal. Sólo aquel que está "despierto" puede despertar a otro mediante un beso.»[6] Baader habría sido aceptado como francmasón hacia 1822.

Pero otro Baader, Fernando-María, atrae también nuestra atención porque recibió a Weishaupt como francmasón en la logia Teodoro del Buen Consejo, de Munich. Weishaupt es el fundador del movimiento de los Iluminados de Baviera, sin conexión con los grupos de la rosacruz, pero cuyo espíritu debe ser sin embargo definido. Aparte de su influencia cierta, se opuso a la Rosacruz de Oro del Antiguo Sistema.

Adán Weishaupt nació el 6 de febrero de 1748 en Ingolstadt, ciudad universitaria de la cual apenas se alejó durante el transcurso de su vida. Su padre fue un profesor sin talento, titular de la cátedra de instituciones imperiales y de derecho penal. El poderoso curador de la Universidad, el barón de Ickstatt, dio a su sobrina como esposa para Adán y fue el padrino del niño que nació de esta unión.

Adán Weishaupt, recibido doctor *utriusque juris* el 9 de agosto de 1768, se convirtió en profesor titulado a los 25 años y decano de la facultad de derecho a los 27. Pero Weishaupt, pese a su rápida ascensión a puestos muy codiciados, pese a la ayuda preciosa de su padrino, estimó que su situación era inferior a la que por sus méritos se le debía.

A fin de luchar contra el dominio del clero católico, contra los jesuitas, instituyó una asociación de iluminados el 1 de mayo de 1776. Esta orden, cuyos miembros se reclutaron entre los estudiantes, no era más que «una asociación de enseñanza superior y laica, un instituto de educación cívica y una liga anticlerical». Esta sociedad estaba estructurada en tres clases: novicios, minervales (o alumnos de Minerva) y minervales iluminados. Los afiliados adoptaban nombres tomados de la antigua Grecia. Así Weishaupt se convirtió en Espartaco, mientras que Munich pasó a ser Atenas e Ingolstad fue Éulesis. Baviera se llamó Grecia y Austria fue conocida como Egipto.

Weishaupt, a fin de organizar su grupo, se afilió a la francmasonería y, a partir de 1781, ayudado por el barón del Imperio Adolf von Knigge, dio una estructura masónica coherente a los iluminados.

R. Le Forestier[7] y Antoine Faivre[8] estudiaron esta orden, la cual difiere de otros movimientos tradicionales. Weishaupt, para crear una escuela de la Sabiduría y de la Virtud, utilizó los métodos de los jesuitas a los cuales combatía. Preconizó la delación, el espionaje entre los miembros, recomendando practicar «el arte de disimular, de observar y de espiar a los otros», lo cual hizo imposible toda fraternidad. Weishaupt y Knigge enseñaron que los reyes han usurpado el lugar de la nación y que hacen esclavos a los pueblos que se les someten. Se percibe aquí la irritación de los intelectuales bávaros contra el absolutismo y los privilegios del nacimiento. La igualdad y la libertad son los derechos esenciales del hombre. Para restablecer al hombre en sus derechos naturales, es necesario destruir la religión y abolir la propiedad. Una teoría que Carlos Marx retomaría después.

Este movimiento, que inspiró la organización de los Superiores Desconocidos, no fue demasiado peligroso en sus intrigas políticas, pero la francmasonería alemana vetó este curioso movimiento. La ordenanza real del 22 de junio de 1784 prohibía ya las sociedades secretas. Carlos Teodoro, Elector de Baviera, hizo condenar a Weishaupt en 1786. Expulsada de Baviera, la orden de los Iluminados ya no tuvo existencia. Se sospecha que el conde de Saint-Germain, Cagliostro e incluso el duque de Orleans, el futuro Philippe Égalité, formaron parte de ella.

Ernesto II de Gotha y Carlos Augusto de Weiman también habrían estado unidos a este movimiento tan apreciado por Goethe. Los revolucionarios franceses se adhirieron también a sus doctrinas: Danton, Garat, Mirabeau, Camille Desmoulins, Brissot, Bailly, Chanfort, Fauchet, Condorcet y muchos otros estuvieron en relación con los Iluminados de Baviera.

Los «Réau-Croix»

Martinès de Pasqually y los Elegidos Cohens

Chevillon, patriarca de la Iglesia gnóstica, gran maestre del Rito de Menfis-Misraim, escribe:

«Joachim Martinès de Pasqually fue un hombre esencialmente misterioso, como la mayor parte, por lo demás, de los iluminados e iniciados de marca. En vano los historiadores han sondeado sus archivos, pues no han encontrado nada preciso sobre sus orígenes ni sobre su fin, y han amontonado sobre este problema múltiples conjeturas de las cuales ninguna es, propiamente hablando, definitiva.

»Se puede fijar claramente el lugar de su nacimiento, y sí se conoce el de su muerte, en cambio el emplazamiento de su tumba permanece ignorado.

»Procedía de Oriente, según unos. Era un judío portugués, según otros. La verdad parece diferente. La patente masónica, entregada a su padre el 20 de mayo de 1738 por el gran maestre de la logia de los Estuardos, registra el nacimiento de aquél en la ciudad de Alicante, en 1671. Martinès de Pasqually sería pues de nacionalidad, sino de raza, española.

»La familia de su padre se instaló en Francia años antes y Martinès de Pasqually nació probablemente alrededor de 1710, bien en Grenoble o bien en una localidad próxima a esta ciudad. Por otra parte, no pertenecía a la religión judía, puesto que en 1769, habiéndole puesto un pleito a un tal de Guers, probó ante los jueces su catolicismo. Se casó además católicamente en Burdeos, en la iglesia de su parroquia, e hizo bautizar a sus hijos.

»El padre de Martinès, francmasón afiliado a la masonería jacobita, inició a su hijo y, a su muerte, de la cual se ignora la fecha exacta, le transmitió la patente que a él le libraran los Estuardos. Es igualmente probable que le transmitiera la ciencia cabalística. Así Martinès de Pasqually, en el seno de las logias, en el marco de la masonería escocesa, implanta su rito personal, rito concebido según las tradiciones de la cábala y de la gnosis.

»... A partir de 1750, Martinès recorrió el sudeste de Francia y se hizo admitir en todas las logias masónicas. Hizo numerosos prosélitos entre los masones iluminados. El misterio continuó rodeándole. Cuando llegaba a una ciudad, no se sabía de dónde venía. Cuando se marchaba, se ignoraba a dónde iba. Se encuentra su rastro en Aviñón, Marsella, Montpellier, Narbona, Foix y Toulouse. Finalmente se estableció en Burdeos, en 1762, donde se casó.

»Después entró en la logia la Française y, en menos de un año, la transformó y la reconstituyó a su propio rito bajo el nombre de la Perfección Elegida o Escocesa.

»Bajo esta nueva forma, el taller fue reconocido por la Gran Logia de Francia el 1 de febrero de 1765. A partir de esa fecha el ritual de los Elegidos Cohens estaba lanzado e iba a conocer una era de brillante prosperidad.

»En este mismo año de 1765, Martinès fue a París y entró en contacto con los masones más destacados de la capital. Bacon de la Chevalerie, Lusignan, Loos, Garinville, Willermoz, etc. Los conquistó a sus ideas y los inició en el Rito Cohen.

»En 1767 instituyó, en París, el tribunal soberano, órgano director de la orden y nombró a Bacon de la Chevalerie su sustituto. En 1770 el rito poseía templos en Burdeos, Montpellier, Aviñón, Foix, Libourne, La Rocehelle, Versalles, Metz y París. En cuanto a Jean-Baptiste Willermoz, entusiasmado por Martinès, hacía proselitismo en Lyon y creó un taller que, posteriormente, fue el centro cohen más activo de Francia.

»En 1772 Martinès se embarcó para Santo Domingo, donde debía recoger una herencia. Fundó varios templos y continuó enviando a Francia sus instrucciones, sus rituales y los principales capítulos de su libro *Traité de la réintegration des êtres*, que había comenzado a escribir en Burdeos pero que nunca fue terminado.

»Martinès murió en Port-au-Prince el 20 de septiembre de 1774. Dejaba en Francia a su mujer e hijos en el más completo desamparo. Su familia, por lo demás, desapareció durante el período revolucionario y jamás se volvió a oír hablar de ella.

»Al morir, Martinès designó como sucesor a Caignet de Lestère, comisario general de la Marina en Port-au-Prince. Caignet permaneció inactivo y murió en 1778, transmitiendo sus poderes a Sébastien de Las Cases. El nuevo gran maestre no hizo más que su predecesor para el desarrollo de la orden y de los templos, que, uno tras otro, se fueron cerrando. La orden, sin embargo, estaba todavía representada en 1806 en el Gran Colegio de los ritos del Gran Oriente de Francia.

»La orden de los Elegidos Cohens del Universo, conocida también por el nombre de martinesismo, estaban estructurada según una jerarquía semejante, en los grados inferiores, a la francmasonería escocesa:

Sello de los Elegidos
Cohens de Martinès de
Pasqually.

»En primer lugar, los tres *grados azules*: aprendiz, compañero y maestro.

»Después, los grados del *Porche*: aprendiz elegido cohen, compañero elegido cohen y maestro elegido cohen.

»A continuación venían los grados del *Templo*: gran arquitecto y gran elegido de Zorobabel.

»Y, finalmente, en la cúspide de esta pirámide, el grado superior de *réau-croix*. Término ambiguo que evoca la rosacruz sin nombrarla expresamente.

»Este "pontificado" de *réau-croix* no era alcanzado sino por raros adeptos. Era además conferido no por seres humanos sino por los *ángeles* o, para usar la terminología de Martinés, por los "menores espirituales".»

En realidad, los grados azules y los del Porche eran conferidos durante el transcurso de ceremonias colectivas de iniciación, semejantes a las del escocismo. Pero los grados del Templo eran «confirmados» en el transcurso de conjuraciones ejecutadas por el maestre elegido cohen sin testigos (visibles) y según un ritual que se practicaba solamente en los equinoccios, en los solsticios y en las lunas nuevas (observemos que cohen, o coen, es la adaptación de la palabra hebrea *cohanim*, la cual designa a la clase sacerdotal más alta, aquella que aseguraba el servicio divino en el Templo; el elegido cohen es el vengador de Adán):

131

En una sala silenciosa, oscura, aislada, previamente consagrada por un rito mágico, el oficiante entraba a una hora fijada por el gran maestre, habitualmente a medianoche.

Los elegidos cohens, según nos relata R. Le Forestier, revestían un traje especial: chaqueta, calzón y medias negras, sobre cuyo atavío se pasaban un hábito blanco orlado en los bajos por un paño bordado de color de fuego de unos treinta centímetros de altura; las mangas, cortadas en forma de alba, estaban bordadas igualmente, pero sólo a una altura de quince centímetros; el cuello tenía una ornamentación similar, bordada en el ancho de tres dedos.

Encima del hábito se ponían una cadena azul, un cordón negro de hombro a hombro, un echarpe de color verde cruzándoles el pecho y, finalmente, un echarpe rojo a modo de faja por encima del vientre. No llevaban encima ningún objeto metálico, ni siquiera un alfiler, y llevaban sus zapatos deslazados. Los días que precedían a la *Operación*, el elegido cohen no debía comer carne y debía mantenerse continente. Se abstenía de toda alimentación y de toda bebida (salvo de agua pura) durante las once horas que precedían a la evocación.

En el suelo, con tiza, trazaba signos misteriosos y colocaba las estrellas (velas encendidas) según el ritual que le había sido comunicado. Durante horas, recitaba plegarias, salmodiaba evocaciones y se entregaba a una especie de yoga. Sólo se detenía con las primeras luces del alba.

La mayor parte del tiempo no pasaba nada. La demanda de recepción sacerdotal del *réau-croix* no había sido tomada en consideración por el «menor espiritual», quien, invisible, había asistido a la operación. No había más solución que volver a empezar otro día.

Si las plegarias eran aceptadas, el «pase» se producía. El nuevo *réau-croix* tenía la carne de gallina en todo el cuerpo, oía sólo sonidos confusos. Apagaba las bujías, cuya luz percibía como chispas y reflejos diversamente coloreados. A la mañana siguiente, experimentaba una gran exaltación pero también una languidez extrema.

Enviaba un informe al gran maestre y éste confirmaba que el menor espiritual le había admitido a la suprema dignidad de *réaucroix*. Entonces, estaba prometido *post mortem* a la visión beatífica. Y en este mundo tenía a partir de ahí poderes supranormales, las dotes de videncia y de curación.

Los discípulos de Martinès de Pasqually se reclutaban entre la aristocracia no solamente francesa sino también europea. Fueron numerosos e influyentes en la región lionesa. Algunos de ellos fue-

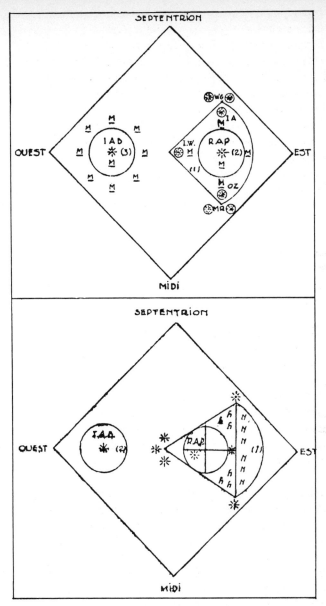

Dos esquemas de las operaciones teúrgicas instituidas por Martinès de Pasqually.

ron ejecutados por los verdugos de Fouché y de Collot d'Herbois, en octubre de 1793.

Gérard Van Rijnberk ha trazado un vibrante retrato de ellos[9] y René Guénon se interrogó sobre «el enigma de Pasqually».[10] Yo no creo, por mi parte, que Pasqually fuese un descendiente de los marranos, aquella casta judía despreciada en el siglo XVII en España. Italia y Francia, los cuales, bajo la presión de la Inquisición, se convirtieron sin convicción al catolicismo, únicamente con el propósito de salvaguardar sus vidas y las de sus familias, pese a que en la clandestinidad continuaran practicando los ritos del judaísmo. Así se podría comprender mejor el hecho de que el extraño Martinès conociese mal el hebreo, pero que poseyera un perfecto conocimiento de la cábala.

Louis-Claude de Saint-Martin y el martinismo

En 1768 Martinès de Pasqually conoció a Louis-Claude de Saint-Martin, quien se convirtió en su secretario en 1771. Esta colaboración fue muy fructuosa.

Louis-Claude de Saint-Martin nació en Amboise el 18 de enero de 1743. Oficial, sirvió al duque de Choiseul. En 1768 fue recibido francmasón en la logia bordelesa de los Chevaliers Élus Cohens de l'Univers, donde conoció a Pasqually. En 1771, Saint-Martin devino su secretario y en 1772 se hizo *réau-croix*.

Influido por las ideas de Swedenborg descubrió en 1788, en Estrasburgo, la obra de Jakob Böhme. Louis-Claude de Saint-Martin, que firmaba sus obras con el seudónimo de «El Maestro Filósofo Desconocido», es considerado por Joseph de Maistre –que es uno de sus discípulos– como «el más sabio, el más instruido, el más virtuoso de los filósofos». Este noble, que sigue los acontecimientos revolucionarios, atraviesa sin inquietudes las jornadas más sangrientas: impasible, sin pasión, juzga los acontecimientos como un verdadero espectador. Murió en Aulnay, cerca de París, el 14 de octubre de 1803.

Su influencia profunda marca principalmente al martinismo, pero la orden martinista no fue sino establecida mucho más tarde, por Papus en 1887. El *Tratado de la reintegración de los seres* de Martinès de Pasqually se prosiguió en el libro de Louis-Claude de Saint-Martin *Le tableau naturel des rapports qui existent entre Dieu, l'homme et l'Univers*. Dios creó unos seres espirituales, una parte de los cua-

Louis-Claude de Saint-Martin
(1743-1803).

les se rebela. Estos ángeles caídos, encerrados en un medio, son vigilados por un Ser perfecto, el Hombre-Adán o Adam-Kadmon. Pero este hombre cede también a la tentación del mundo material y, a su vez, es arrojado de la esfera divina y condenado a un estado miserable: nuestro mundo mortal con sus sufrimientos y sus dudas. Para salvarnos, es preciso reconquistar nuestro estado primordial, el que teníamos antes de la pérdida del paraíso, el de antes de la rebelión. Se accede a la salvación a través de la plegaria, de la meditación espiritual, por el desarrollo de las cualidades interiores. Los hombres que sienten esta llamada son llamados los «hombres del deseo». Los «hombres del torrente», que forman la gran masa de los humanos, están satisfechos de su vida actual, abrazan las tentaciones que les ofrecen con placeres furtivos y engañosos. El hombre del deseo busca su reintegración en el seno de la divinidad. Sabe permanecer modesto, discreto en su acercamiento a lo sagrado.

Jean-Baptiste Willermoz

Jean-Baptiste Willermoz, nacido el 10 de julio de 1730 en Saint-Claude, en el Franco Condado, primogénito de doce hermanos, es un gran burgués de Lyon. Fabricante de paños de seda y de plata en la calle de los Quatre-Chapeaux, se inició en los ritos masónicos en 1750 y devino venerable a los veintidós años. Tomando parte muy activa en la vida masónica, gracias a su competencia iniciática y a su

135

idealismo, fue conocido y estimado por todos los dirigentes de la masonería europea. Junto a él, la mayor de sus hermanas, Madame Provensal, y su hermano pequeño, el doctor Pierre-Jacques, se ocupaban también de las ciencias secretas.

En 1763, Jean-Baptiste y Pierre-Jacques Willermoz fundaron el capítulo de los Caballeros del Águila Negra, que se interesó por la investigación alquímica. La instrucción del grado enseña que «la operación de la gran obra (la crisopea) consiste en saber el punto perfecto de la aleación de seis metales mediante los pesos y las medidas de cada una de las seis letras que forman el primer nombre de Dios, que Salomón dio a conocer a sus iniciados por Adonai, y les compuso su Balanza, donde todo el seceto de la gran obra se halla guardado». Pierre-Jacques Willermoz, en 1754, a la edad de 19 años, se puso a trabajar en la transmutación y René Le Forestier[11] ha mostrado palpablemente la influencia del hermano menor sobre el hábil negociante.

Gracias a Bacon de la Chevalerie –teniente coronel retirado– y al marqués de Lusignan, Willermoz fue admitido en Versalles en 1767 para formar parte de los *réau-croix* constituidos por Martinès de Pasqually. Después de la muerte de éste en Santo Domingo, en 1772, Willermoz tomó el mando de la orden y entró en relación con la Rosacruz de Oro de Alemania, participando también en el Capítulo del Águila Negra con el grado de soberano príncipe rosacruz. En 1772 se proclamó rosacruz y *réau-croix*, pero en 1780 le precisó al príncipe de Hesse que él no era más que *réau-croix*. Pese a que Willermoz maniobró con habilidad, no llegó a imponer el martinismo.[12] Descubrió entonces la orden alemana de la Estricta Observancia y entró en relación con el barón Von Hund. Fue en el señorío de Kohlo (propiedad de Von Bruhl) donde se celebró en 1772 un convento de la Estricta Observancia, en el cual el príncipe Federico de Brunswick fue elegido superior general de las Logias del Rito y, el barón Von Hund, elegido superior provincial. Entre los adeptos citemos a Goethe, Lessing, Wieland, Mozart y Joseph de Maistre. Charles Gathel von Hund, iniciado en los altos grados del capítulo de Clermont y París, organizó el octavo grado, el de los Grandes Profesos, los cuales se convertirían en los Superiores Desconocidos.

Bajo la dirección de J.-B. Willermoz tuvo lugar, en Lyon, en 1774, la reunión del primer Gran Capítulo provincial de la Auvergne. En el Rito de la Estricta Observancia, Willermoz se hizo templario bajo el nombre de *Baptista ab Eremo*, e ilustre canciller del capítulo de Lyon. En 1776 Willermoz hizo crear el Directorio Es-

Jean-Baptiste Willermoz
(1730-1824)

cocés de la provincia de Auvergne de la Estricta Observancia Templaria.

Gracias a la actividad del barón de Turckheim, pero sobre todo gracias a la de Willermoz –que reunió el convento de los Galos de Lyon del 25 de noviembre al 17 de diciembre de 1778– apareció en la masonería templaria la orden de los Caballeros Benefactores de la Ciudad Santa, la CBCS. Este convento reconoció el grado de los Grandes Profesos de los Elegidos Cohens.

Willermoz devino superior desconocido de los CBCS, cuyo rito comporta siete grados: aprendiz, compañero, maestro, antiguo maestro, elegido, gran arquitecto, masón secreto, junto con tres grados supremos: príncipe de Jerusalén, caballero de Palestina y Kadosch.

Este sistema de altos grados se estableció a partir de 1770, en el capítulo de la logia Saint-Théodore de Metz. En esta orden interior existía el grado de caballero rosacruz, que estipulaba ser benefactor para con los enfermos y los pobres. Las curas maravillosas obtenidas por los rosacruces se debían a la panacea. Esta reforma de Lyon tenía como emblemas el fénix y el pelícano, signos de la rosacruz. El toque de los novicios correspondía al grado de Rosacruz: los dos hermanos se ponían frente a frente y adoptaban el signo del Buen

Pastor. Se cruzaban ambos brazos sobre el pecho, el izquierdo sobre el derecho, las dos manos extendidas y los ojos alzados al cielo; levantaban la mano derecha, con el índice señalando al cielo; uno de ellos decía INRI y el otro respondía Emmanuel.

Como consecuencia de disensiones en el seno de la Estricta Observancia Templaria presidida por Fernando de Brunswick, Willermoz pensó que era el momento propicio para unir a todos aquellos movimientos. Por iniciativa suya, el 16 de julio de 1782 se organizó un congreso en Wilhelmsbad, al que asistieron treinta y tres delegados europeos. La tesis del martinismo fue defendida por Willermoz y Joseph de Maistre, quien, en esta ocasión, presentó su famosa *Memoria al duque de Brunswick*. Los Iluminados de Baviera, representados por Borda, crearon una escisión secreta y el proyecto de unión fracasó, al igual que fracasaría el de los philaletos, que sería intentado en 1784.

J.-B. Willermoz, preocupado durante la revolución, tuvo que escapar para ponerse a salvo. Refugiado en el Ain, se casó el 19 de abril de 1796, a los sesenta y seis años, con su secretaria, Jeannette Pascal, de veinticuatro años, la cual murió el 8 de mayo de mayo de 1808 a consecuencia de un mal parto. Willermoz, desde 1800 consejero general del departamento del Rhône, obtuvo numerosas distinciones honoríficas y murió el 29 de mayo de 1824, a la edad de noventa y cuatro años.

El iluminismo

Según los estudios de René Le Forestier y de Antoine Faivre sobre el iluminismo, se pueden destacar dos personajes importantes.

El príncipe Charles de Hesse-Cassel

El príncipe Charles de Hesse-Cassel –nacido en Cassel el 19 de diciembre de 1774 y muerto en el castillo de Gottorp (cerca de Schleswig) en 1836 a los noventa y dos años de edad, yerno de Christian VII, rey de Dinamarca–, fue gobernador del ducado de Schleswig-Holstein (cuyo hijo político habría de convertirse en el rey Federico VI). Este príncipe iluminado, que participó en la vasta corriente de pensamiento llamada la Escuela del Norte, abrigó en Altona, a partir de 1778 y hasta el 27 de febrero de 1784, al conde de Saint-Germain. Hesse-Cassel, gran maestre adjunto de la orden de la Estricta Observancia Templaria, tomó por hierónimo *Eques a Leone Resurgente*. El gran maestre era entonces el duque Fernando de Brunswick.

Hesse-Cassel, promotor del convento de Wilhelmsbad, se ocupó de la reorganización del grado muy secreto de los Caballeros Benefactores de la Ciudad Santa. Pertenecía igualmente, bajo el *nomen mysticum* de Melquisedec, a una sociedad extremadamente cerrada, los Hermanos Iniciados de Asia, de la cual llegó a ser gran maestre hacia 1790. Pierre Mariel[13] estudió el pensamiento de esta sociedad cuya doctrina de la reencarnación se llamaba «la rotación de las almas», cuyo signo de reconocimiento era la esvástica. Estos hermanos se sometían a la autoridad del Sinedrion, comité supremo de siete adeptos que regían a los siete grupos que respondían a las siete Iglesias del Apocalipsis; su vocabulario era hebraico. Michel de Ramsay, en su *Discours* (1738), sin duda bebió en las mismas fuentes cuando habla, brevemente, de la transmigración de las almas.

Hesse-Cassel frecuentó o conoció a los animadores de los diversos movimientos iniciáticos o místicos de su tiempo y se unió en amistad con Jean-Baptiste Willermoz.

Madame de Krüdener

Madame de Krüdener, otro sorprendente personaje por su vida mística, influencia la sociedad espiritualista de comienzos del siglo XIX, entre 1804 y 1825. Sus predicciones místicas, sus profecías, tratan de convertir a sus semejantes a un cristianismo primitivo. La influencia de Madame de Krudener se deja sentir sobre la Santa Alianza. En 1815, después de la derrota de Napoleón, esta mística hizo admitir al zar Alejando I que él era el instrumento de Dios. El monarca aceptó la idea de una alianza religiosa y fraternal entre los príncipes victoriosos, ya fueran católicos, ortodoxos o protestantes. Pero la Santa Alianza, firmada en París el 26 de septiembre de 1815, apuntaba a organizar políticamente Europa, tal como se constata sucesivamente. Ofendida, Madame Krudener se fue de París el 23 de octubre de 1815. El clero la persigue y la excomulga a causa de sus predicciones itinerantes. Murió en Karasubazar, en Crimea, el 25 de diciembre de 1824, sin que su intervención espiritual sobre la Santa

Alianza hubiese podido establecer la reconciliación de las iglesias cristianas.

Pese a este fracaso, otros hechos políticos fueron marcados por el misticismo. El sentimiento religioso floreció intensamente durante aquellos años. Las logias masónicas, las nuevas iglesias, surgieron por todos lados. Alejandro I, que entonces sólo tenía veintiocho años, se dejó influenciar por Madame de Krudener, que ya tenía cincuenta años de edad, y la cual, gracias a su gran renombre, abogaba en favor de esta Iglesia Interior.

Otro hecho demuestra también la influencia sufrida por Alejandro I o por sus familiares más inmediatos. Lopuchin, nacido en 1756, senador de Moscú, escribe *Algunos rasgos de la Iglesia Interior, del único camino que lleva a la Verdad, y de las diversas vías que conducen al error y a la perdición*. Este libro ruso, editado en San Petersburgo en 1789, debe de haber sido traducido al francés y publicado en la misma ciudad de San Petersburgo en 1799. Lapuchin debió de frecuentar los medios martinistas rusos desde 1782 y propagó las ideas de Eckartshausen, para el cual «no hay más que una religión, cuya verdad simple se propaga en todas las religiones como si fueran ramas, para retornar de la multiplicidad en una religión única».

Este mundo intensamente espiritual buscaba la fusión de todas las creencias religiosas. Esta nueva Iglesia era la depositaria de la gnosis, del cristianismo primitivo, y en ella encontramos el espíritu primigenio de la Rosacruz.

Los iluminados de Aviñón

Dom Pernety, nacido en Roanne el 23 de febrero de 1716, pronunció sus votos el 29 de junio de 1732 en Clermont, en la abadía de Saint-Alliere. Su tío, el abad Jacques Pernety, canónigo de Lyon, le había hecho admitir entre los monjes de la congregación benedictina de Saint-Maur. François Ribadeau Dumas nos relata[14] la vida de este novicio apasionado por las letras, la pintura y la alquimia. En 1754 tradujo un enorme *Tratado de matemáticas* y, unos meses más tarde, publicó un *Manual benedictino*. Destacado a la abadía de Saint-Germain-des-Prés, redactó en 1757 un diccionario de las artes, el *Diccionario portátil de pintura, escultura y grabado, con tratado prác-*

tico de las diferentes maneras de pintar. Después, compiló un herbario.

Se entusiasmó por las doctrinas herméticas, la cábala y la alquimia. En 1758, apareció su *Dictionaire mytho-hermétique, dans lequel on a trouve les allégories fabuleuses des poètes, les antiphores, les énigmes et les termes barbares des philosophes hermétiques expliqués* (París, 1758) y, a continuación, las *Fables égyptiennes et grecques dévoilées.* Según el autor, el hermetismo es là clave de la mitología. En su prefacio revela que todos los antiguos sabios conocían los arcanos de la Naturaleza, pero que este conocimiento estaba reservado a un pequeño número de iniciados. Para transmitir de generación en generación estos secretos admirables, los adeptos los ocultaron bajo hieroglifos, fábulas y alegorías que, susceptibles de varias explicaciones, podían instruir a los dignos y confundir a los indignos. Y con Orígenes, repite: «Divierten al pueblo con fábulas y las mismas fábulas sirven de velo a su sabiduría.»

Para escapar a una probable censura, Pernety parte con Bougainville, en calidad de clérigo, para la expedición de las islas Malvinas (Falkland). Después de diversas aventuras y «fortunas de mar», vuelve sano y salvo a Francia y publica el relato de su viaje.

Después de haber conocido tan amplios horizontes, su celda le pareció muy estrecha. Él fue uno de los veintiocho monjes que, en 1765, pidieron la ampliación de la regla. Obligado a retractarse, amenazado con sanciones, dom Pernety abandonó el capítulo el 17 de enero de 1767, cuando el superior general es el TRP dom Pierre François Boudier, quien acababa de suceder a Su Alteza Serenísima el príncipe de Borbón-Condé, conde de Clermont, primo del rey, generalísimo, Gran Maestre de la francmasonería escocesa. Si este gran señor, padre abad de la abadía benedictina de Saint-Germain-des-Prés, congregación de Saint-Maur, tuvo el más alto grado masónico, muchos religiosos siguieron su ejemplo. Dom Pernety es a su vez masón. En aquellos tiempos, los sacerdotes no se tomaban en serio las bulas del papa en lo que concernía a la condena de la francmasonería; numerosos sacerdotes frecuentaban entonces las logias, añadiendo a su fe una búsqueda esotérica de los misterios.

Dom Pernety, después de haber abandonado Saint-Germain-des-Prés, se fue a la casa de su hermano en Valence y, allí, pronto entró en relación con los círculos filosóficos de Aviñón y frecuentó la logia Saint-Jean d'Avignon, fundada por el marqués de Vézénobres en 1736 y en la cual se hallaba el caballero Mirabeau, padre del marqués, y algunos otros miembros de la aristocracia local.

Dom Pernety estableció, aparte de los tres grados simbólicos de la masonería, seis nuevos grados (verdadero masón, verdadero masón de la mano derecha, caballero de la Llave de Oro, caballero de los Argonautas, caballero del Toisón de Oro, y caballero del Sol). Temiendo la persecución de los tribunales eclesiásticos –Clemente XII había decretado de nuevo la excomunión de los francmasones mediante la bula *In Eminenti*–, dom Pernety se dirigió a Federico II de Prusia en 1768 y residió a su lado hasta 1783 como director de la Biblioteca del rey, en Berlín. Dom Pernety fue además nombrado miembro de la Academia Real de las Ciencias y Bellas Letras de Prusia y de Florencia y obtuvo igualmente los beneficios de una abadía en Turingia,

En Berlín, el antiguo benedictino descubrió la obra de Swendenborg. Esta obra le entusiasmó. Tradujo *Las Maravillas del Cielo y del Infierno* de William Blake. Versátil, el gran Federico se sintió disminuido y obligó a Pernety, en 1783, a abandonar Prusia. Volvió después a Francia con sus adeptos. Prudentemente, se estableció no en el condado sino en Valence, villa real.

Durante su estancia en Berlín, mantuvo un estrecho contacto con los hermanos del Rito Hermético. Incluso es probable que les visitara en varias ocasiones. Bajo su impulso, Saint-Jean d'Avignon se constituyó en Logia Madre del condado de Venaissin. En 1776, esta Logia Madre se instaló como Logia Madre Escocesa de Francia, la cual llegó a ser uno de los principales talleres de París: el Saint-Lazare del *Contrato social*, lo cual produjo la ruptura con el Gran Oriente. La logia madre escocesa parisina así creada, en rivalidad con el Gran Oriente, tuvo numerosos talleres por toda Francia, siempre trabajando con el Rito de Pernety. En 1780 emanó de ella una masonería inspirada en los *Versos de oro* de Pitágoras: la de los Sublimes Maestros del Anillo Luminoso.

El combate lo ganaron las ideas liberales. La Inquisición perdía su autoridad. La masonería es al fin, si no reconocida, sí al menos tolerada por el vicelegado. También el Rito Hermético adquiere un impulso considerable y agrupa la mayoría de los nobles y ricos burgueses aviñonenses. Citemos entre ellos al conde de Pasquini-Montresson, al marqués de Thomé, al caballero Tardy de Beaufort, a los barones de Noves y de Bournissac y a Esprit Calvet, fundador del admirable museo que lleva su nombre.

El marqués de Montpezat puso su hotel particular a disposición de los hermanos. El marqués de Vaucroze acondicionó la masía que, en secreto, llamaban el *Thabor*. Era allí donde se efectuaban las operaciones alquímicas. El Thabor contaba con dos talleres y un templo, donde cada *elegido*, a su vez, celebraba la «Cena mística».

Brumore, nombre del abad Philibert Guyton de Morveau, apoyó a Pernety hasta su muerte, acaecida en Roma el 23 de febrero de 1786, cuando contaba cuarenta y siete años de edad.

Gabrianka, personaje de abigarrado colorido, al que Pernety había conocido en Berlín y que le había seguido a Francia, soñó primero con conquistar Palestina y después con hacerse elegir rey de Polonia. Él fue quien aportó a los iluminados el secreto de la Santa Palabra.

Esta Santa Palabra la había recibido de un misterioso adepto conocido solamente por el *nomen mysticum* de Elías Artista, quien residía en Hamburgo. Según los rosacruces del siglo XVII, era bajo el nombre de Elías Artista que el Paracleto debía venir entre los elegidos en La Parousie.

Los discípulos de Elías Artista hacían circular (en algunos conventículos privilegiados) dos grimorios: el *Liber M.* y el *Libro de Mardoqueo*. Se hallaban en ellos las reglas de una cábala, es decir, una regla para consultar a las entidades superiores por medio de figuras y de números. Emisario pues de Elías Artista, Gabrianka inició a Pernety y a sus discípulos en los secretos de la Santa Palabra.

¿Qué es la Santa Palabra? Un medio de comunicación con los ángeles. Pero no hay que confundirla, advertía Elías Artista, «con esos pretendidos cálculos de adivinación criptográfica que parecen, a la primera ojeada, derivar de la misma fuente y cumplir los mismos propósitos».

No sabemos más. Los arcanos de la Santa Palabra desaparecieron al mismo tiempo que los últimos discípulos del antiguo benedictino y del conde polaco. Parace ser que las órdenes sobrenaturales se expresaban a través de médiums, entre ellos un simple de espíritu llamado Ottavio Capelli, antiguo jardinero del estarosta polaco.

La biblioteca del museo Calvet conserva las actas de las numerosas manifestaciones de la Santa Palabra. La lectura de este manuscrito deja una extraña impresión. El oráculo se expresa en un lenguaje grandilocuente pero vago, promete mucho pero no da nada, y lanza a sus fieles a unas operaciones alquímicas que jamás llegan a buen fin. Se mezcla también en las vidas privadas de los hermanos, los separa o los reconcilia, y da prueba de un extraño humor o de una falta total de coherencia en sus ideas. Pernety será el salvador del mundo, Aviñón será la nueva Sión. Gabrianka debe ceder su hija a un comediante, pronto la piedra filosofal aportará el poder y la riqueza al pequeño rebaño.

De todas estas extravagancias se desprende sin embargo una doctrina conmovedora.

De forma general, las ideas de Pernety son las de Swedenborg. Cree en un Dios único que encierra en sí a la divina Trinidad. Cree en los ángeles, espíritus celestes, intermediarios entre el Cielo y el hombre, y cree que la iniciación confiere el poder de comunicar directamente con los ángeles.

Pero Pernety y sus discípulos se diferenciaban de Swedenborg al rendir culto a la Muy Santa Virgen. Una devoción que se aproxima a la mariolatría.

Como ciertos teólogos ortodoxos (entre ellos el padre Boulgakoff), los iluminados de Aviñón hacían de la Madre de Dios una cuarta persona divina, una hipóstasis que se añadía a la Trinidad. Doctina muy próxima a la profesada por teósofos tales como Jakob Böhme, Portage y Von Baader. La Santa Virgen estaría así asimilada a la Sofía Celeste de Gichtel. Según Pernety: «La Encarnación tendría lugar incluso si el primer hombre no hubiese pecado...».

En cuanto a las comunicaciones supraterrestres, he aquí como Pernety las definía: «Puesto que los semejantes se unen con sus semejantes, es preciso que nuestra alma lleve una existencia más angélica si quiere comunicar con los ángeles...».

Los excesos de esta mariolatría asustaron al conde polaco, ferviente católico, por lo que suscitó una desidencia llamada el Nuevo Israel. Se pasó por alternativas de reconciliaciones y de enfados, sostenidas por la Santa Palabra. Al fin, Gabrianka se volvió a orillas del Vístula... No se sabe exactamente cómo terminó.

Uno de sus contemporáneos le describe así: «Noble aventurero, hombre amable, brillante en sociedad, prodigaba tesoros sin tener un céntimo, divertía a la nobleza, la arruinaba y se hacía adorar hasta el punto de llegar a fascinar los espíritus».

La marcha de este curioso personaje fue compensada por la llegada de un nuevo iniciado, Marie-Daniel Bourrée, barón de Gorberon, antiguo diplomático en la corte de Rusia y después ministro plenipotenciario en la corte de los Deux-Ponts. Leyó a Swedenborg y se entusiasmó. Fue a París, se hizo ferviente discípulo de Mesmer y coleccionó iniciaciones masónicas. En 1787 conoció a Gabrianka, quien le alabó el Rito Hermético. Diversas circunstancias le mantuvieron alejado de Aviñón hasta junio de 1790. Fijó entonces allí su residencia, conquistó a Pernety por su fe en el Arte Real y se convirtió en el mecenas del Thabor. El Rito Hermético, con su presencia, brilló durante unos años con vivo resplandor.

Pero el condado de Aviñón fue integrado a Francia en septiembre de 1791. La Convención prohibía las reuniones masónicas, por lo que se produjeron persecuciones, registros y arrestos. Pernety fue encarcelado en octubre de 1793 y puesto en libertad algunos meses más tarde. Murió de un ataque de apoplejía el 16 de octubre de 1796. El Rito Hermético vegetó todavía durante algunos años.

Un sistema emparentado con los iluminados de Aviñón se creó en 1806 en París, en el seno de la logia Saint-Alexandre d'Écosse. Charles d'Aigrefeuille, primo de Chefdebien, constituyó un capítulo llamado Trabajos Interiores, pero denominado también por los iniciados Capítulo del Toisón de Oro. Los doce caballeros llevaban nombres tomados de los signos del zodiaco. René Le Forestier piensa que los discípulos aviñonenses de Pernety permanecieron ajenos a este sistema. El grado 28 del Rito Escocés Antiguo y Aceptado (Caballero del Sol) ha conservado no obstante cierta influencia del Rito Hermético.

Cagliostro (1743-1795)

Al parecer, Cagliostro fue iniciado en Londres en 1777. En 1778, en Bruselas, creó un rito masónico de tres grados, calcado del ritual inglés, con operaciones mágicas. Una jovencita llamada «Colombe» o un muchachito llamado «Pupilo», veían en una damajuana llena de agua pura a ángeles y profetas. Este rito inicial daba paso a reuniones de videncia. El abate Montfaucon de Villars evoca unas escenas semejantes.[15]

Después de una estancia en Holanda, Cagliostro se instaló en Estrasburgo, ciudad en la que residió desde 1780 a 1783, adquiriendo un enorme ascendiente sobre el cardenal de Rohan. Se instaló en Lyon de octubre de 1784 a febrero de 1785 y creó la Logia Madre del Rito Egipto tomando el título de Gran Copto. Redactó el *Ritual de la masonería egipcia*, reeditado por Marc Haven en los *Cahiers astrologiques*. Bédarride, del Rito de Misraim, le reprochó esta creación.

El asunto del collar puso fin a la carrera masónica del Gran Copto. El 23 de agosto de 1785 Cagliostro fue detenido y encarcelado en la Bastilla como cómplice del cardenal de Rohan. Retirados por el Parlamento los cargos contra él después de una instrucción de diez meses, ello no fue obstáculo para que fuera expulsado de Francia en junio de 1786. Embarcado en Boulogne para Inglaterra, seguidamente Cagliostro se iría a Roma.

El Supremo Tribunal del Santo Oficio de la Inquisición, el 27 de diciembre de 1789, hizo firmar al papa el acta de detención del mago. El proceso duró dieciocho meses. Corenza, la esposa de Cagliostro, que había aceptado un *ménage à trois* con el señor Duplessis en 1771, no le fue favorable en sus declaraciones. El 21 de marzo de 1791, Joseph-Balsamo Cagliostro fue condenado a muerte y conmutada su pena por la de cadena perpetua por herejía y masonismo, acción política y escándalo. Se le encerró en el castillo de San Angelo el 20 de junio. En la ceremonia de abjuración, se quemaron los emblemas masónicos del gran maestre (cordones, mandiles, echarpes, estandartes, escuadras, compás, espada flamígera y ritual), así como una parte de sus libros.

Uno se queda sorprendido por la violencia desplegada por la Iglesia. El suplicio infligido a este hombre parece desproporcionado a los hechos que se le imputan.

Desde el 22 de junio de 1791 a 1795, su cautiverio es un largo martirio. Finalmente, parece ser, y para evitar su evasión, se le estrangula el 28 de agosto de 1795. Se ignora dónde reposan los despojos de Cagliostro e, igualmente, los de su mujer.

Después de la excelente obra del doctor Marc Haven *Le Maître Inconnu Cagliostro* (Dangles), que sigue siendo la base de todo estudio serio, François Ribadeau Dumas ha demostrado[16] que Cagliostro, durante trece años de su vida pública (de 1776 a 1789) no tuvo ni una sola mala acción que reprocharse. Este autor defiende también la memoria del siciliano puesto que fue un hombre que sólo quiso encontrar la regeneración física y moral, el arte de prolongar la vida, el arte de hacer oro y, en definitiva, recuperar el pensamiento de la Rosacruz.

El Rito Egipcio profesa una doctrina mística muy próxima a la de los Elegidos Cohens y a la de los Caballeros Benefactores. Escuchemos a Cagliostro: «Redoblad vuestros esfuerzos para purificaros, no por la austeridad, por la privación o por las penitencias exteriores, pues no es al cuerpo al que se debe mortificar sino que es el alma y el corazón los que deben hacerse puros y buenos, arrojando de su interior todos los vicios y abrazando la virtud.

»No hay más que un solo ser Supremo, un solo Dios Eterno. Él

El conde de Cagliostro
en 1781 (Grabado de
Christ Guérin).

es el UNO, al que debemos amar y servir. Todos los seres, ya sean espirituales o inmortales que hayan existido, son sus criaturas, sus vasallos, sus servidores, sus inferiores.»

En sus *Memorias* (1786), Cagliostro se expresa así: «Voy hacia el Norte, hacia la bruma y el frío, abandonando allá por donde paso algunas parcelas de mí mismo, consumiéndome, disminuyéndome a cada estación que pasa, pero dejándoos un poco de claridad, un poco de calor, un poco de fuerza, hasta que al final me detenga y me fije definitivamente al término de mi carrera, en la hora en que la rosa florecerá sobre la cruz.»

¿No entra en los principios de estos rosacruces la facultad de hacerse invisibles a los hombres y permanecer desconocidos para ellos, revelándose solamente a aquellos que desean? Cuando cambian de país, adquieren otro nombre, se adaptan a todas las condiciones, a todas las circunstancias y saben hablar a cada cual en su lengua materna.

Después de tantos textos contradictorios aparecidos sobre esta extraña personalidad, o la del conde de Saint-Germain, sólo podemos quedarnos perplejos. ¿Este hombre que supo suscitar tanta admiración, era un impostor, un charlatán o un verdadero iniciado? Lo mismo que sucede respecto a buen número de otros personajes, la

147

cuestión no parece resuelta. Pero encontramos en Cagliostro muchos rasgos similares a aquellos que se atribuyen a los dirigentes de la Rosacruz.

El conde de Saint-Germain (1707-1784)

Personaje difícil de circunscribir, el conde de Saint-Germain se beneficia de un estado civil complicado.[17] Lleva nombres diversos en varios países. El lugar y la fecha de su nacimiento son también datos muy discutidos. El conde Saint-Germain no aparece hasta 1745 en Londres, cuando es detenido como sospechoso de espionaje. Inglaterra estaba entonces dividida entre los partidos de Jorge II, príncipe electo de Hannover (los whigs) y la dinastía de los Estuardos encabezada por Jacobo III el Pretendiente (los tories o jacobitas). Después de un viaje a Alemania, «a sus tierras», el conde de Saint-Germain llegó a París en febrero de 1718. Gracias al marqués de Marigny, director de las Manufacturas de Luis XV –cuya favorita, Madame de Pompadour, influenciaba felizmente los asuntos del Estado–, de Saint-Germain reside en Chambord para preparar unos colorantes. Tiene entrada en la corte y se relaciona con el rey. Vive en el número 101 de la calle de Richelieu, en París. Músico, físico, químico y pintor, el conde asombra tanto a su auditorio real como al de la más alta sociedad por la originalidad de sus ideas, por su talento y por su magnificencia. Mostraba piedras y diamantes de la más alta calidad. Se jactaba de hablar todas las lenguas, practicaba la alquimia, tocaba el clavecín y fabricaba polvos y cosméticos. Toda la corte, incluido el rey, quedó subyugada por este hombre que no tenía edad.

En febrero de 1760 Luis XV envió a de Saint-Germain a Holanda para negociar secretamente la paz con Yorke, embajador de Inglaterra en La Haya. Después de grandes dificultades, desautorizado por los ministros de Luis XV, de Saint-Germain tuvo que huir a Inglaterra. En 1762 estaba en Rusia, bajo el reinado de Pedro III, frecuentando las más ilustres familias de San Petersburgo. Después, tras numerosos viajes por Europa, reside en Italia entre 1764 y 1773. Luego se pierde su pista, que no aparece hasta 1777, en Berlín, ciudad donde reside hasta octubre de 1778. Es en esta ciudad donde encuentra a dom Pernety. Sea el país donde se encuentre,

El único retrato conocido del conde de Saint-Germain.

el conde de Saint-Germain suscita el mismo asombro y la misma admiración.

Este hombre extraordinario no hablaba nunca de su edad ni de su país ni de su persona. Parecía poseer una gran fortuna. En 1778 se estableció en Altona, donde conoció al príncipe de Hesse. Pese a que apenas fue invitado, se dirigió al castillo de Gottorp en agosto de 1779, donde conoció al duque Fernando de Brunswick. Se hallaba en el corazón de Alemania, país en plena evolución rosicruciana. Con el príncipe de Hesse, estableció una fábrica de colores. El conde de Saint-Germain, enfermo de gota, murió de un ataque de parálisis en Eckernfoerde el 27 de febrero de 1784, cuando el landgrave Carlos estaba en Cassel. Fue inhumado bajo los nombres de conde de Saint-Germain y Welldona. Tenía al morir unos ochenta y ocho años.

El conde de Saint-Germain sigue siendo maldecido por unos y admirado por otros. René Le Forestier no es tierno para con este hombre de nombre misterioso y conocido por toda Europa: «Como la mayor parte de sus iguales, el aventurero en quien el landgrave había depositado su confianza llevó distintos nombres antes de mantener aquel por el cual ha llegado a ser conocido. Se había presentado en Dresde, como hemos visto, como conde de Veldone, después de haber sido, en Italia y en Alemania, conde de Ballamare, marqués de Montferrat, caballero Schoening, conde Soltokof y conde

Czarogy. Se ha visto en él al hijo natural de Marie-Anne de Pfalz-Neubourg, viuda de Carlos II de España, y, al mismo tiempo, se le tiene por hijo de un judío portugués, por hijo de un judío alsaciano de apellido Wolf, por hijo de un antiguo jesuita español o por un hijo de un tal Rotondo, recaudador de impuestos en Saboya. Fuese cual fuese su origen, fue todo un personaje en la corte de Luis XV, quien parece haberlo empleado para su diplomacia secreta, y también se le atribuye un papel en la revolución de palacio que dio el poder a Catalina II.

»No parece que profesara una doctrina mística bien definida. Sorprendía sobre todo la imaginación del público atribuyéndose una longevidad excepcional, lo que hacía sospechar a la gente que de Saint-Germain poseía una panacea. Pretendía conocer el secreto de engordar los diamantes, de hacer desaparecer los sapos y de fabricar tintes tan sólidos como delicados de tono. Gleichen, que lo conoció íntimamente, informa que obtenía "una especie de similor de gran belleza" y que había intentado en Dresde, Venecia y Milán vender sus secretos de tinte y montar fábricas. La suprema habilidad de Saint-Germain fue, según este testigo, picar la curiosidad de sus auditores sin jamás satisfacerla. "Hablaba –dice Gleichen–, con un énfasis misterioso de las profundidades de la naturaleza y abría a la imaginación una carrera vaga, oscura e inmensa sobre el género de su ciencia, sus tesoros y la nobleza de su origen. No me ha enseñado sino a conocer la marcha y la singularidad de la charlatanería."»[18]

Nace toda una leyenda alrededor de este personaje que a veces sus contemporáneos confunden con Cagliostro e, incluso, con Casanova. Numerosos autores, entre ellos René Guénon, afirman que fue uno de los rosacruces inmortales, pero, sobre este punto, carecemos de documentación sufiente para sostener esta tesis.[19]

La sociedad teosófica de Madame Blavatsky reivindicó al conde de Saint-Germain, el cual habría creado un movimiento teosófico en el Tíbet, pues era el portaluz de la Gran Fraternidad.

Según Annie Besant, C. W. Leadbeater afirma haber encontrado al conde de Saint-Germain en 1926. Se le encuentra también en California, en 1935, en el centro de los Hermanos del monte Shasta. El diario *Paris-Midi* del 6 de mayo de 1940 anunciaba que el célebre mago había reaparecido.

Felizmente, Paul Chacornac ha aportado, en un libro rico y documentado,[20] precisiones menos engañosas, entrando mejor en la vía Tradicional. Piensa que el conde de Saint-Germain fue el hijo bastardo de la reina de España Marie-Anne de Neubourg y del almirante de Castilla. Nuestro personaje puede realmente llamarse «príncipe de España». También podría haber muerto en casa de uno de los parientes de su presunta madre, la del landgrave de Hesse, puesto que Marie-Anne de Neubourg fue una Hesse-Darmstadt.

El conde de Saint-Germain figura en la galería de seres inmortales. Después de Enoch, Melquisedec, Elías y san Juan Evangelista, las tradiciones orientales hablan de los Inmortales del taoísmo, de los yoguis, de los Superiores Desconocidos del Himalaya. Entre los chiitas, El-Khidr, que renueva su juventud cada 120 años, practica también la alquimia. Se podrían multiplicar estos ejemplos tomándolos tanto de los libros sagrados como de las grandes leyendas.

Nos podemos preguntar si el conde de Saint-Germain no fue rosacruz, pues tan elevado parece que fue su estado espiritual. Su don de lenguas, sus conocimientos iniciáticos ciertos, su elixir para curar a los enfermos, nos permiten formular muchas suposiciones. Reconoció que no llevaba nombre, lo mismo que el Cosmopolita o el Philalethes. Según Chacornac, su título de conde no se refiere a su nacimiento sino a su función. Viaja por todos los países, se adapta a ellos y habla sus lenguas. Todos los soberanos le reciben, le dan pruebas de respeto. Tienen hacia él unas muestras de consideración sorprendente que testimonian sólo a otras pocas personas. Saint-Germain habría desaparecido de Europa para refugiarse en el Himalaya, en la región donde viven los rosacruces. ¿No coincide esto con el pensamiento de los teósofos? Para René Guénon, estos últimos no han transmitido una enseñanza iniciática sino, solamente, un remedo de las doctrinas hindúes.

Los misterios que rodean la vida del conde de Saint-Germain, lo mismo que los misterios que rodean a la Rosacruz, permanecen firmes y solamente nos permiten seguir soñando...

Relaciones con la francmasonería

Los *Manifiestos* de la Rosacruz, creados o no por Andreae y sus amigos, han tenido una influencia espiritual sobre muchos grupos y, particularmente, sobre los de Inglaterra. Francis Bacon, con la *Nova Atlantis*, influenció y marcó las logias masónicas y ya he mencionado que Matila Ghyka[21] encontró unos versos significativos procedentes de un poema anónimo aparecido el año 1638. He aquí la tra-

Muchos puntos acercan a los rosacruces con la masonería.

ducción: «Porque nosotros somos hermanos de la Rosacruz, tenemos la palabra de los masones y la doble vista».

Elias Ashmole, que conoció la Rosacruz, fue recibido francmasón el 13 de mayo de 1653. La Royal Society recibió numerosos francmasones y he observado por otra parte el papel representado por Désaguliers en la fundación de la Gran Logia de Londres (1717).

Es preciso recordar también el importante papel representado por Robert Fludd, defensor de las órdenes.

Johann Gotthier Buhle, al publicar en 1804 su libro sobre los rosacruces, pensó que francmasones y rosacruces no eran sino un único grupo en su origen, que se separaron para propagar por una parte ideas filosóficas y filantrópicas en la masonería y, por otra parte, entre los rosacruces, llevar a cabo investigaciones cabalísticas y alquímicas.

Primer apartamento   Segundo apartamento

Tablillas de la logia de los Soberanos Príncipes Rosacruz
(Ilustraciones extraídas de Delaulnaye, *Thuileur des trente-trois degrés de l'Écossisme*, Éditions d'Aujourd'hui, reproducción de la edición de 1821.)

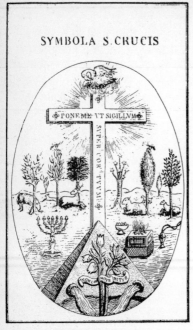

Symbola S. Crucis

Tablilla de la logia de los Chevaliers du Soleil

(Ilustraciones extraídas de Delaulnaye, *Thuileur des trente-trois degrés de l'Écossisme*, Éditions d'Aujourd'hui, reproducción de la edición de 1821.)

En numerosas ocasiones, al evocar a la Rosacruz, hemos tenido que hablar de la orden masónica.

Igualmente hemos visto que el Siglo de las Luces se sintió atraído por el iluminismo y que aquellos focos permitieron la eclosión de la francmasonería, bien estructurada desde 1717. Esta orden no pudo sino permanecer atenta a toda creación de sociedades análogas y seguir la evolución de los círculos, atribuyendo siempre a la Rosacruz de Oro intenciones alquímicas.

En 1757, en Francfort del Main, la *Societas rosae et aureae Crucis* adoptó una forma masónica, con un ritual bien definido. Se encuentran en Praga, en Baviera, en Austria, en Bohemia y en Hungría logias masónicas de pensamiento rosicruciano. En Ratisbona podemos ver una logia de título francés, la llamada Croissante aux Trois Clefs. René Le Forestier[22] ha analizado estas fraternidades que, en

154

Dos mandiles de rosacruz.

Mandil de caballero rosacruz.

sus dos grandes grados, asocian estrechamente la leyenda templaria a la alquimia.

J. W. Schroder, a partir de 1776, organiza este nuevo orden que se compone de nueve altos grados basados en la enseñanza alquímica. La célula madre, el Círculo, comprende un máximo de nueve miembros, mientras que los afiliados, reposando sobre una organización muy secreta en la cual los miembros de estos diversos círculos permanecían desconocidos los unos de los otros, de donde, la dirección principal, asegurada por un triunvirato, permanecía voluntariamente cerrada a los otros círculos. Antoine Faivre[23] ha definido perfectamente este sistema en el cual el seudónimo ocultaba con rigor la identidad del adepto.

Estos rosacruces de oro del Antiguo Sistema que se reunieron en el convento de Wilhelmsbad (15 de julio de 1782), mezclaron a los valores alquímicos los misterios egipcios, griegos, esenios e, incluso, druídicos. El fundador de su orden habría sido Homerus. Acabamos de ver la poca entidad de este grupo de reciente existencia.

A partir de 1785 estas logias, muy vigiladas, solamente son toleradas. Desdichadas experiencias alquímicas desacreditaron esta sociedad que, además, entró en colisión con los Iluminados de Baviera (Adam Weishaupt). Pronto apagada, su espíritu fue parcialmente retomado por otros grupos masónicos, tales como el de la Estricta Observancia.

He presentado en mis otras obras algunos rituales. Con Pierre Montloin, en *Les Rose-Croix ou le complot des sages* he transcrito algunos extractos del ritual del grado 26, el Escocés Trinitario o Príncipe de Gracia, el ritual de armadura de un caballero rosacruz del Águila Negra y del Pelícano (1785). En *La Symbolique de la Rose-Croix* he reproducido un ritual de recepción de los Hermanos de la Rosacruz en el cual unos adeptos siguen estas ceremonias, según un manuscrito inédito, pero es en el grado 18 del Rito Escocés Antiguo y Aceptado donde hallamos la más clara supervivencia del espíritu rosicruciano. Muchos trazos de la leyenda rosicruciana marcan los altos grados masónicos. El «caballero de la lámpara inextinguible» nos recuerda a la lámpara siempre encendida en la tumba de Rosencreutz, pero el soberano príncipe rosacruz recupera los símbolos del triple beso, del águila, del pelícano, de las barras de cera para lacrar, de las tres virtudes teologales, de las columnas de la fe, la esperanza y la caridad. En el grado 18, el presidente, llamado el «Muy Sabio» o «Athirsatha» es el copero mayor, lo que evoca la figura del escanciador del elixir de la inmortalidad, el brebaje buscado por los

Emblemas del caballero rosacruz (grado 18 del REAA).
Pelícano en el centro con dos caballeros de ademanes invertidos
(Brujas, foto del autor).

El pelícano, emblema del
grado 18 del REAA (Brujas, foto
del autor).

Uno de los símbolos mayores de los rosicrucianos.

alquimistas y los rosacruces. Le Forestier aporta muchos detalles que confirman estas relaciones entre ambos grupos, entre ellos la común inscripción INRI que, figurada con la rosa, el signo con su aspecto alquímico, es el símbolo que muestra respectivamente el cielo y la tierra y que René Guénon[24] asimila a los términos alquímicos «solve» y «coagula», es decir, las dos corrientes de la fuerza cósmica. Aparte del aspecto crístico de este grado, donde se encuentra también la Cena mística, con el reparto del mismo pan, la absorción del vino cuya copa pasa de mano en mano, este ritual refleja claramente unos símbolos de origen hermético. Este ritual, muy emotivo, ha sido frecuentemente reproducido y su pensamiento generoso no puede dejarnos indiferentes. El caballero rosacruz tiene también una edad harto evocadora: treinta y tres años.

Parece que es en la francmasonería donde el recuerdo rosicruciano está mejor conservado, pues es en esta orden rígida y bien organizada donde la alteración espiritual ha sido menos visible. Para profundizar en este espíritu, no hay más que leer, entre las numerosas obras dedicadas al tema, los libros de Paul Arnold y, sobre todo, los de René le Forestier, publicados por Antoine Faivre.

4. Los movimientos rosicrucianos en los siglos XIX y XX

Stanislas de Guaïta y Péladan[1]

Guaïta y la Orden Cabalística de la Rosacruz

Nacido de un ilustre linaje florentino establecido en Lorena desde hacía varias generaciones, el marqués Stanislas de Guaïta nació el 6 de abril de 1861 en el castillo de Alteville y murió el 19 de diciembre de 1897. Se instaló muy joven en París y escribió poemas que fueron editados por Lemerre; *La Muse noire* (1883) y *Rosa Mystica* (1885).

Tuvo conocimiento del *Vice suprême* (1884), de Joséphin Péladan, prologado por Barbey d'Aurevilly. Esta aproximación a la tradición esotérica fue una revelación. Guaïta conocerá a Joséphin Péladan, cuyo hermano, Adrian –el doctor iluminado–, está conectado con una orden de la Rosacruz de Toulouse, la dirigida por Firmin Boissin.

En su lujoso entresuelo del número 20 de la avenida Trudaine, en París, Guaïta reúne una magnífica biblioteca esotérica en la que se cuentan raros manuscritos. Oswald Wirth, su secretario, le ayuda en su búsqueda. En algunos años Stanislas escribe una obra notable sobre magia negra: *Essais des Sciences maudites*, *Au seuil du Mystère* (1886), *Le Temple de Satan* (1891), *La Clef de la Magie noire* (1897), mientras que *Le Problème du mal*, obra inacabada a causa de su muerte prematura a los treinta y seis años, que será publicada en 1950 por Marius Lepage a partir de las notas de Oswald

Stanislas de Guaïta
(1861-1897).

Wirth (libro reeditado por La Mainsnie en 1975). Wirth dirá de su maestro que «fue un creyente, iluminado por una ardiente fe de pensador».

Guaïta fundó en 1888 la Orden Cabalística de la Rosacruz, dirigida por un supremo consejo compuesto por doce miembros, de los cuales solamente seis nos son conocidos: Papus, Barlet, J. Péladan, Paul Adam, Gabrol y Thoron. Más tarde se unieron a ellos Marc Haven (doctor Lalande), Paul Sédir (Yvon Le Loup), Agustín Chaboseau, Lucien Chamuel. Maurice Barrès, ferviente católico, se retiró rápidamente.

La revista *L'Initiation* de 1889, que había sido fundada por Papus en 1887, habla de esta organización:

«El signo distintivo de los miembros del supremo consejo es la letra hebraica *Aleph*. Además de este grado superior, existen otros dos a los cuales se accede por iniciación. Cada nuevo miembro presta juramento de obediencia a las directivas del comité director... Pero puede abandonar la sociedad cuando a él le plazca, bajo la única condición de guardar secretas las órdenes o las enseñanzas recibidas. La cábala y el ocultismo son enseñados.

»La Orden Cabalística de la Rosacruz confiere grados de universidad libre. Otorga también algunos títulos de doctor.

»El primer examen está sancionado por el título de "bachiller en cábala"; el segundo por el de "licenciado en cábala". Finalmente, un tercer examen, que comporta la presentación y defensa de una tesis con discusión sobre todos los puntos de la Tradición, confiere el doctorado.

»El primer examen se basaba:

»1. Sobre la historia general de la tradición occidental, particularmente sobre la rosacruz.

»2. Sobre el conocimiento de las letras hebraicas, de su forma, de su nombre y de su simbolismo.

»El segundo examen trataba de:

»1. La historia general de la tradición religiosa en el transcurso de los tiempos, insistiendo particularmente sobre la unidad del dogma a través de la multiplicidad de los símbolos.

»2. El conocimiento de las palabras hebraicas en cuanto a su constitución.

»Esta parte del examen era oral y los candidatos debían pasar también un examen escrito basado sobre una cuestión filosófica, moral o mística.»

La Orden Cabalística de la Rosacruz honró y revalorizó los nombres de Eliphas Lévi, Fabre d'Olivet, Hoene Wronsky, Jakob Böhme, Swendenborg, Martinès de Pasqually y Louis-Claude de Saint-Martin. Entre la ciencia y la fe se formaba una síntesis gracias al esoterismo.

Péladan y la Rosacruz Estética

En junio de 1890, Péladan presentó su dimisión de la orden creada por Guaïta, pues encontraba que ésta era anticatólica y demasiado budista. Dirigió a su antiguo grupo un «mandamiento» así formulado:

«Acta Rosea Crucis»
(La Rosacruz del Temple)

Bajo la Tau, la Cruz griega, la Cruz latina, ante la Belleza interior y la Rosa crucífera.

En comunión católica con Hugues de Payen y Rosen-
kreutz, el SAR PÉLADAN, maestre de la orden de la Rosa-
cruz del Temple, asistido por el septenario formado por LL.
SS. GARY de LA CROZE, conde de LARMANDIE, conde
Antoine de LA ROCHEFOUCAULD, Élemir BOURGUES,
SAINT-POL ROUX y SAMAS,

Ordena

En nombre de Jesús, solo Dios, y de Pedro, solo rey,

A todos aquellos que oigan el segundo versículo de Be-
reshit, bajo pena de ser expulsados de la Orden para siempre, concentrar su esfuerzo de Luz en el plano artístico.

A este fin y desde este momento se crea (sus instituciones permanecen secretas)

LA ROSACRUZ ESTÉTICA

Verificada (sic) en París, en la fecha de la Ascensión del
Redentor y firmada por los Siete...

Joseph Aimé Péladan, llamado Joséphin, nacido en Lyon el 28 de
marzo de 1858, era el descendiente de una larga línea de campesinos
cevenoles convertidos al catolocismo. Su padre, el caballero Adrien,
nació en Vigan en 1815. Polemista católico, había escrito *La historia de Jesucristo según la ciencia.* Además de sus *Melodías católi-
cas* (poemas publicados en 1840), fundó la revista *L'Étoile du Midi*
(Nimes, 1848) y el periódico *L'Extrême Droite* (Nimes, 1876). Después de haber escrito la *Historia de la Santa Virgen* (1183), se orien-
tó hacia la videncia y fundó, en 1884, los *Anales de lo sobrenatu-
ral.* Péladan murió en Nimes el 7 de abril de 1890, habiendo sin
duda influenciado a su hijo Adrien, médico, que nació el 18 de junio
de 1844. El hermano mayor de Joséphin se interesó mucho por la
lengua china, que aprendió del caballero de Paravey, amigo de su
padre. No por ello dejó de ser un católico intransigente. En el plano
de la medicina, se interesó por los trabajos de Hahnemann y fundó
la revista *L'Homéopathie.* Se dice que el doctor Péladan había estado en contacto con un curandero, Charles-Édouard de Lapasse
(1792-1867), que vivía en Toulouse y presumía de haber sido alum-
no del príncipe Balbiani de Palermo y discípulo de Cagliostro. Hacia 1850 habría existido en Toulouse una corriente rosacruz.

Adrien Péladan tuvo una gran influencia sobre su hermano me-

El Sar Péladan (1858-1918).

nor y es probable que el padre y el hermano desarrollaran en Joséphin el amor por las ciencias ocultas. Fue su padre quien le hizo leer a Fabre d'Olivert. Animado por Barbey d'Aurevilly, Joséphin publicó su primera novela en 1884: *Le vice suprême*. Stanislas de Guaïta le dirigió una carta admirativa y así comenzó entre los dos una profunda amistad.

Entusiasta de Wagner y de César Frank, Joséphin es el amigo de Rouault, Bourdelle, Émile Bernard, de la escuela de Pont-Aven. Organizó los siete volúmenes de su *Amphithéâtrum des sciences mortes*. Quiso hacer que la Iglesia volviera a su esoterismo original, estigmatizando a los grandes del catolicismo por no ser lo suficientemente independientes del poder temporal. Péladan murió en 27 de junio de 1918 a consecuencia de un envenenamiento producido por la ingestión de crustáceos.

En el grupo creado por Péladan, nuevos nombres aparecieron. Entre ellos escritores de renombres, entre los cuales destacaremos a Élémir Bourges (1852-1915), uno de los fundadores de la Academia Goncourt, y Saint-Pol Roux (1861-1940), llamado «el Magnífico», autor del libreto *Louise*, al que Charpentier puso música. Destaquemos también que además del título adoptado por Péladan, el «Sar», a menudo tomará también el nombre de Merodak.

La separación de los dos grupos, la Rose-Croix Esthétique ante la Orden de la Rose-Croix du Temple et du Graal, tuvo gran resonancia en la prensa de la época. Las dos órdenes se excomulgaron mutuamente y sus mandamientos hicieron sonreír al público, quien, con buen humor, bautizó la querella como «la guerra de las Dos Rosas».

Stanislas de Guaïta excomulgó a Péladan el 5 de agosto de 1891 mediante un mandamiento del que reproducimos el preámbulo: «Considerando que un miembro dimisionario del consejo, el señor Péladan, ha fundado en agosto de 1890 una secta cismática; considerando que esta secta, de la cual el señor Péladan se proclama gran maestre y archimago, exhibe sentimientos de ultramontanismo intransigente, de desafección a la Santa Sede, etc., diametralmente opuestos y hostiles hacia los sentimientos que en todas las épocas han profesado los Hermanos de la Rosacruz; visto que el señor Péladan y los suyos se han expresado públicamente en términos ambiciosos y propios para establecer una confusión entre la Orden Cabalística de la Rosacruz (CRO) y su secta cismática (RCC)...»

Péladan organizó su orden como «una cofradía de Caridad intelectual, consagrada a la realización de obras de misericordia según el Espíritu Santo, cuyos miembros se enfuerzan en aumentar la Gloria y preparar el Reino. Exige tres votos: de *Idealismo* para el escudero, de *Fidelidad* para el caballero, y de *Obediencia* para el comendador. Pide a los sabios en absoluto concluir la Fe, pues toda contradicción ha sido siempre sólo aparente y momentánea.»

El ocultismo y la religión se completan. El iniciado debe huir de la vulgaridad, preservarse de los mediocres.

La muerte no es más que cambio de estado, con liberación del cuerpo terrestre. El alma halla nuevas posibilidades para evolucionar en la luz hacia la espiritualización total. Este escritor exuberante no admite ni el espiritismo ni la reencarnación, porque «jamás el espíritu vuelve a pasar por donde ya ha pasado». Péladan es partidario de la evolución del alma con su pase a otras esferas.

Guaïta y Péladan consideran que la mujer iniciada no debe aspirar a ser igual al hombre, pues los dos seres deben ser complementarios armónicos a fin de constituir el andrógino perfecto.

Péladan fue un personaje extravagante que mantuvo una autoridad a ultranza. Pese a cultivar su físico de asirio, sus veintiún volúmenes de *La Décadence latine*, su *Autopsia de nuestra civilización* y su *Anfiteatro de las ciencias muertas*, apenas fueron leídos. Tuvo sin embargo una gran influencia sobre su época, como señala el comentario de Papus: «Este admirable artista al cual el porvenir le hará justicia (juzgándole fuera de sus vías, quizás demasiado originales de realización), se ponía a la cabeza del movimiento de espiritualización de la estética cuyos frutos comienzan solamente a mostrarse y que tendrán una profunda repercusión sobre el arte de mañana...»

Victor-Émile Michelet, en *Les Compagnons de l'Hiérophanie* (p. 60), define al Sar Péladan rodeado de sus «magníficos», Élémir Bourges, el conde Léonce de Larmandie, Antoine de La Rochefoucauld y Gary de Lacroze: «Tenía la fogosidad y el brillo de los meridionales. Era elocuente y exuberante. Quiso la celebridad sin tener la paciencia de esperar oscuramente la gloria. Impuso a sus contemporáneos su nombre aureolado de la celebridad equívoca que su gesticulación ardiente moliera acompañando sus sonoros clamores y su coloreado porte. Se veía triunfal: ¡estaba perdido!»

Sin embargo el Sar Péladan tuvo una feliz influencia sobre las artes y sobre la estética en particular. Erik Satie fue su amigo y su discípulo. Péladan organizó, en la galería Durand-Ruel, el Salón de la Rose-Croix, que fue un acontecimiento genuinamente parisino. Creó también salones reservados a las artes plásticas.

En el catálogo del Salón de la Rose-Croix, abierto en el palacio del Champ-de-Mars del 28 de marzo al 30 de abril de 1893, «bajo la Tau, la Cruz griega, la Cruz latina, ante el Grial, la Belleza interior y la Rosa crucífera, en comunión católica romana con José de Arimatea, Hugues de Payens y Dante», hallamos pocos nombres conocidos excepto el de Eugène Delacroix. Se contaron cerca de 23.000 visitantes, una cifra jamás alcanzada hasta entonces por una manifestación artística. Salones análogos se sucedieron de 1892 a 1897.

Erik Satie, compositor de gusto tan refinado, perteneció al movimiento rosicruciano de Péladan. Nacido el 17 de mayo de 1866, en las *Mémoires d'un amnésique* escribió: «He venido al mundo muy joven en un tiempo muy viejo.»

Bajo la influencia de Péladan, Satie escribió en 1888 música para la rosacruz y, entre otras, musicó *La Wagnérie chaldéenne* de Péladan y en 1894 editó el preludio de *La Porte héroïque du ciel*, especie de obertura para la obra de Jules Bois.

Pero las extravagancias de Péladan terminaron por chocar a Satie, quien se retiró del movimiento rosacruz. El compositor, que a los 43 años se impuso el seguir los cursos de la Scola cantorum, permaneció no obstante impregnado de aquel espíritu iniciático. Según Roger Cotte, profesor y doctor en musicología,[2] la fe de la rosacruz le inspiró la *Messe des Pauvres*, así como la esperanza la dictaría su obra maestra: *Socrate*. Admirado por Debussy y Ravel, aceptado como uno de los mejores compositores de su tiempo, Erik Satie murió en 1925.

Cartel del Salón de la Rose-Croix,
por Carlos Schwabe.

El Sar Péladan se esforzó para que se desarrollara el pensamiento Tradicional. He aquí algunos de sus pensamientos:

«Un secreto iniciático transmitido no sirve jamás.»

«En magia, la ciencia de los secretos por excelencia, nunca nadie ha hecho nada de lo que ha leído; es menester que uno perfore su pozo artesiano personal en el misterio para hacerse taumaturgo.»

«El misterio es UNO por esencia y los símbolos que lo velan no tienen otra razón que la imperfección de nuestros espíritus.»

Reproducimos también una profesión de fe de Péladan, dirigida a Gabriel Boissy, fiel de la Rose-Croix:

«Ha llegado usted en el momento en que se reparan los daños de una publicidad intempestiva, la obra se cerraba tanto como había sido exageradamente abierta.

»Conozco mi pecado, no lo detesto.

»No he podido amar mi tiempo; a su vez él ha agobiado mi celo de sus ostracismos.

»He amado demasiado el pasado, son pompas y sus obras. Con una terminología arcaica, soberanamente desagradable en un país de sufragio universal y de laicismo, he predicado literalmente en una lengua muerta. Han rechazado las palabras y el bien que yo quería no ha sido. *Yo soy el único vencido; la doctrina interminablemente bermeja no sufrirá más que un retraso de expansión.* El voto queda: si no debo encontrar la forma moderna de la verdad, ayudaré a los predestinados a este descubrimiento mediante la propia lección de mi aventura.

»Entre aquellos que deben hacer mi esfuerzo con una experiencia que a mí me ha faltado, usted está designado.»

El escándalo del cura Boullan

Fue durante este período cuando se levantó un escándalo por estafa. Guaïta denunció las actuaciones del abate Boullan (doctor Johannès). Joseph Antoine Boullan, nacido en el Tarn en 1824, fue ordenado sacerdote en Montauban en 1848 y, desde muy joven, se interesó por los iluminados. Después de haber pertenecido a la congregación de los Misioneros de la Preciosa Sangre (en Roma), y después de haberse hecho discípulo del mago normando Vintras (quien en Tilly-sur-Seulles, en 1839, consagraba unas hostias de las que salía sangre), Boullan creó hacia 1856, en Sèvres, con la joven monja Adèle Chevalier, la Obra de la Reparación. Según el principio de alianza sexual mística, Adèle Chevalier se convirtió en la amante del cura. Pero los escándalos estallaron con un grupo de monjas jóvenes, tanto en el plano sexual como sobre la desaparición de dinero. Boullan fue condenado a tres años de prisión y Adèle Chevalier a dos años, de 1861 a 1864. El ex cura murió olvidado en 1893.

Huysmans, en su *A rebours* primero y después en *Là-bas*, evoca, a partir de documentos extraídos de las propias fuentes, a Vintras y al abate Boullan (que figura como doctor Johannès, el mismo nombre que se dio a sí mismo cuando se entregó al vintrasismo en Tilly-sur-Seulles). ¿Vintras es el nuevo Cristo que condena el papa? Barrès bebe de las mismas fuentes para escribir *La colline inspirée*, lo mismo que hace Barbey d'Aurevilly para *Un prêtre marié* (NRF). Según Stanislas de Guaïta, Mallarmé denunció a su vez esta falsa magia.

Otras personalidades notables

Junto a Stanislas de Guaïta y Joséphin Péladan, figuran numerosos investigadores que han contribuido a propagar un pensamiento rosicruciano, ya sea por su acción directa o por su irradiación.

La eminente personalidad de **Papus** domina todo el ocultismo contemporáneo.[3] Papus es el hierónimo del doctor en medicina Gérard Encausse (1865-1916), fundador (o «resurrector») de la orden martinista, autor de numerosas obras consagradas a las altas ciencias, entre ellas el *Tratado elemental de ciencia oculta* y el *Tratado metódico de magia práctica*.[4] Papus, el «Balzac del ocultismo», tomó el nombre del genio de la medicina neopitagórica que figura en el *Nuctameron* de Apolonio de Tiana.

Papus fue, durante un tiempo, consejero del zar Nicolás II, al que inició en el martinismo. Fue también el ferviente y afectuoso discípulo del maestre Philippe (1849-1905), el mago y taumaturgo de Lyon sobre el cual el hijo de Papus, Philippe Encausse (1906-1984), escribió el libro *Le Maître Philippe de Lyon, thaumaturge et homme de Dieu* (Études Traditionnelles). Papus creó en 1887 la revista *L'Initiation*, órgano de la orden martinista. Este boletín periclitó después de la muerte de su director, pero fue reavivado por el doctor Philippe Encausse, quien se dedicó a esta causa reuniendo a todos los amigos de su padre y continuó propagando su espíritu.

Philiphe Encausse, publicando un excelente libro sobre su padre (*Papus*, Éditions Belfond), retrata toda esta actividad. La revista *L'Ini-*

Papus (doctor Gérard Encausse, 1865-1916) (Archivos de Philippe Encausse).

Doctor Philippe Encausse (1906-1984).

El maestro Philippe de Lyon (1849-1905).

Phaneg (archivos Philipp Encausse).

tiation continuó apareciendo mientras los amigos de Papus rodeaban a su viuda, Jacqueline Encausse, y a la pareja Lorenzo. Esta acción pretendía preservar la civilización judeo-cristiana transmitiendo el mensaje esotérico a un amplio público y haciéndole llegar la síntesis entre la ciencia y la fe.

Marc Haven, en realidad el doctor Emmanuel Lalande (1868-1926), muy interesado por las ciencias ocultas, se convirtió en el yerno del maestre Philippe de Lyon. Padrino del hijo de Papus, se ocupó de él a la muerte de aquél y facilitó sus estudios. Marc Haven publicó diversas obras, entre ellas *Le Maître inconnu Cagliostro* (Paul Derain) y estableció unos textos notables: *Les sept libres de l'Archidoxe magique* de Paracelso, *La magie d'Arbatel*, el *Rituel de la maçonnerie égyptienne* y un *Philippe d'Aquin* evocado a partir de la cábala. Las Ediciones Dangles, que poseen en sus fondos la mayor parte de los libros de Papus, han publicado, gracias a la esposa de Marc Haven, una obra que muestra la intensa y discreta personalidad de este médico prendado de espiritualidad.[5] *La Magie d'Arbatel* ha sido reeditada por la revista *Le monde inconnu*.

La vida de este grupo la ha reflejado Victor-Émile Michelet (1861-1938) en *Les Compagnons de la Hiérophanie*, una obrita encantadora publicada por Dorbon en 1928.[6]

Paul Sedir, o más exactamente Yvon Le Loup, nació en Dinan el 2 de enero de 1871. Muy joven, fue a París y se empleó en la Banque de France. Atraído (y predestinado, sin duda) por las ciencias ocultas, conoció a Papus y a Stanislas de Guaïta. Publicó numerosos opúsculos y artículos. Fue entonces cuando adoptó el seudónimo de Sédir. Un día, de pronto, para estupor de sus amigos y discípulos, arrojó por la borda «los tesoros de la sabiduría»...

«Pues me encontré a un hombre de Dios y, desde entonces, me consagré a lo único necesario: al Cristo Jesús.»

Sédir ha evocado en términos discretos esta conversión en su libro *Initiation*. Dio conferencias que tuvieron una amplia audiencia. Creó a su alrededor un movimiento cristiano independiente: Las Amistades Espirituales. Murió el 3 de febrero de 1926 y sus restos reposan en el cementerio de Saint-Vincent, en Montmartre, donde su mausoleo es objeto de peregrinajes fervientes y discretos.

Paul Sédir
(1871-1926).

Paul Adam (1862-1920) está ahora del todo olvidado. Con Jean Moréas, en 1886, publicó un hermoso libro de poesía, *Thé chez Miranda* (Tresse et Stock), con sutiles poemas en prosa. Sus obras de anticipación ensancharon la vía de la ciencia ficción. Después publicó *La force* (1899), *L'enfant d'Austerliz* (1902), *La Ruse* (1903), *Le soleil de juillet* (1903) y *Le taureau de Mithra* (1907). Una obra abundante y múltiple en la que muestra la acción de los hombres sometidos a «la fuerza», la cual podría identificarse por ángeles, demonios o egrégores, como dice Victor-Emile Michelet.

Saint-Yves d'Alveydre (1842-1909) no pertenecía a ningún movimiento iniciático constituido, pero estaba impregnado de este espíritu.

Su búsqueda de un régimen político capaz de resolver todos los

Saint-Yves d'Alveydre
(1842-1909).

conflictos sociales orientándose hacia una «espiritualización social» le condujo a elaborar el sistema de la «sinarquía», opuesto a la autocracia y a la anarquía. La dirección del pueblo, según aquel principio, se repartía entre dos funciones: el poder y la autoridad. La vida social reposa sobre la religión, la justicia y la economía; todos los individuos participan en la vida de la sociedad.

El rosicrucianismo anglosajón

La Societas Rosicruciana in Anglia (SRIA)

Hacia 1865 Robert Wentworth Little fundó la Societas Rosicruciana in Anglia o SRIA. Este grupo, que recibió la impronta de la orden de la Rosacruz de Oro, se reservó a los masones en posesión del título de Maestre. El número de adherentes se limitó a ciento cuarenta y cuatro y la iniciación se repartió en nueve grados.

Little tomó el nombre de «Mago». Entre sus miembros figuraban numerosos nombres de escritores tales como Kenneth R. H. Mackenzie, Hargrave Jennings y el baronet Edward Bulwer-Lytton (1803-1873), diplomatico y autor de diversas novelas: *Zanoni, La raza que ha de venir* y *Los últimos días de Pompeya*. Bulwer-Lytton se convirtió en el «Gran Jefe» en 1871.

Una rama de esta sociedad se instaló en el Canadá y después en Pennsylvania. Reorganizada hacia 1880, adoptó el nombre de Societas Rosicruciana in United States (SIRIUS). Uno de sus miembros fue Clark Gould, que murió en 1909, no sin antes devolverle su nombre original: SRIA (Societas Rosicruciana in America).

Pascal Bewerly Randolph, miembro de la SRIA, fundó en Quatertown (Pennsylvania) la Fraternitas Rosae Crucis.[7]

Eliphas Lévi fue recibido en la SRIA y conviene recordar, aunque sea brevemente, esta poderosa personalidad.

La influencia de Eliphas Lévi

Eliphas Lévi, con su verdadero nombre de Alphonse-Louis Constant, nació en París el 8 de febrero de 1810. Paul Chacornac dedicó una hermosa obra a este sacerdote que rompió con su orden: *Eliphas Lévi, rénovateur de l'occultisme en France*;[8] Victor-Émile Michelet le evoca a su vez en *Les compagnons de la Hiérophanie* y muchos otros autores, entre ellos Alain Mercier, se han ocupado también de este hombre de doble faz, dispuesto siempre a defender nobles causas, y que dejó una importante obra que aún hoy sigue siendo muy leída. Las Éditions Trédaniel han reeditado la casi totalidad de su vasta obra y un Círculo Eliphas Lévi, animado por Christiane Buisset, se fundó en 1965. Eliphas Lévi murió en París (en el 115 de la rue de Sèvres) el 31 de mayo de 1875.

En mayo de 1854 Eliphas Lévi conoció en Londres al doctor Ashburner y al novelista sir E. Bulwer-Lytton, quienes pertenecían a la Fraternidad de Luxor, una sociedad muy cerrada emparentada con el Metropolitan College.

Eliphas Lévi nos relata en el *Dogme et rituel de Haute Magie* (1761, p. 364) que el 25 de julio de 1854, en compañía de aquel pequeño grupo, hizo «la experiencia de la evocación mediante el pentagrama... La experiencia, reiterada tres veces, dio resultados verdaderamente extraordinarios, pero positivos y sin traza de alucinación...»

En el capítulo XIII de la misma obra, quizás bajo la evocación de un número muy particular y bajo el título de «La necromancia», evoca a Apolonio con un modelo de conjuro. Publica a continuación el *Nuctameron* de Apolonio de Tiana: «No solamente hemos evoca-

Eliphas Lévi (1810-1875).

do a Apolonio sino que hemos conseguido tal vez resucitarlo». Y
añade: «Nuctameron quiere decir el día de la noche o la noche iluminada por el día. Es un título análogo al de *La Luz surgiendo de las
tinieblas*, que es el título de una obra hermética, y el cual se podría
traducir también por: *La luz del ocultismo*».

Stanislas de Guaïta explica en su notable comentario sobre Zo-
noni [9] que a consecuencia «de un curioso ensayo de necromancia
realizado en Londres en 1854, Eliphas Lévi sintió una profunda y
melancólica atracción por la muerte, sin caer sin embargo en la tentación del suicidio».

El 2 de mayo de 1861 Eliphas Lévi volvió a Londres acompañado del conde Alexandre Branick. Ambos visitaron a Bulwer-Lytton,
que vivía en Knebworth, cerca de Londres

El 3 de diciembre de 1861, Kenneth Mackenzie, «diputado científico» de la Sociedad Rosicruciana de Inglaterra, se reunió con Eliphas Lévi en la avenida Maine de París. Lévi era entonces un masón
reciente, pues había sido iniciado el 14 de marzo de 1861 en la Rosa
del Perfecto Silencio, logia del Gran Oriente de Francia. Eran unos
tiempos muy turbulentos y hasta la policía tuvo que intervenir en el
hotel de la rue Cadet. Lévi, bajo el nombre de Constant, fue elevado
el 28 de agosto de 1861 al grado de Maestre. Eliphas Lévi publicó

Apolonio de Tiana (Jacques Boissard, *De Divinatione et Magicis*, Oppenheim, sin fecha).

un gran número de obras, entre ellas el *Dogma y ritual de Alta Magia* (1854) y la *Historia de la Magia* (1860). En diciembre de 1861, y en relación a su visitante inglés, le escribía al barón Spedalieri: «He encontrado a mi visitante inglés muy inteligente, pero un poco demasiado inclinado hacia las experiencias mágicas y magnéticas.» Y más adelante añade: «Los ingleses son curiosos hasta la puerilidad y comprenden exclusivamente los hechos y las relaciones exteriores.»

No fue hasta *El Gran Arcano*, publicado en 1898, cuando Eliphas Lévi comenzó a utilizar la palabra «egrégore». En las obras póstumas, así como en un artículo aparecido en *L'Initiation* en 1893,[10] la palabra viene con dos g: «eggrégores». Raymond Devis ha planteado esta cuestión en un artículo notablemente documentado: «Un curioso enigma: egrégores bíblicos y egrégores masónicos».[11] Si nos atenemos al *Libro de Enoch*,[12] en el capítulo VII dice que los ángeles vinieron a la tierra y se establecieron sobre el monte Armon (o Hermon) y que juraron «velar» allí hasta que hubieran poseído a las hijas de los hombres. De estas uniones nacieron los gigantes. Al principio de esta obra ya he evocado a Enoch, séptimo patriarca después de Adán, descendiente de Seth y antepasado de Noé. Su mensaje, citado por san Judas, figura en el corpus bíblico tradicional, pero este

175

La iniciación por el Agua y la Luz.

texto apartado del canon de las Escrituras no es ahora más que un apócrifo. Eliphas Lévi encuentra otros documentos relativos a Enoch en el Sepher Ha-Zo-har, el «libro del esplendor». Según el comentario esotérico de la cábala hebraica, descubrimos el misterioso jardín del Edén, con el árbol de la ciencia y la relación de los reinos del cielo y de la tierra. Eliphas Lévi, helenista, latinista y cabalista, emplea la palabra «egrégore», con una sola g, en el sentido bíblico: es la «tropa despierta» en el sentido espiritual. Stanislas de Guaïta retoma esta palabra y a su vez los que velan devienen unas «entidades ocultas».

La palabra «egrégore» se emplea frecuentemente en el lenguaje iniciático. Sabemos que proviene de Eliphas Lévi y que, en lo que se refiere a las logias masónicas, egrégore es el conjunto de entidades terrestres y supraterrestres que constituyen una entidad jerarquizada, movida por una idea-fuerza.

Idealista, Eliphas Lévi buscó la Unidad bajo todas sus formas: pareja hombre-mujer, relaciones entre obreros y patrones y, principalmente, la relación Tierra-Cielo. Lévi tuvo una considerable influencia sobre la vida literaria de su época. Bulwer-Lytton fue marcado por su obra, pero igualmente lo fueron Judith Gautier, Alejandro Dumas, el delicioso Charles Nodier, Remy de Gourmont, Péladan. Pierre Mariel estableció un paralelismo entre *L'Axel* de Villiers de L'Isle-Adam y el *Dogme et Rituel de Haute Magie*, y definió este clima escribiendo con Patrick Ravignant *Les maîtres spirituels*.[13]

Éstas son las grandes líneas de una ética rosicruciana en la cual se inspiraron igualmente Rimbaud, Mallarmé, Lautréamont, los amigos de André Breton, la escuela surrealista..., rindiendo así homenaje a Eliphas Lévi.

La Golden Dawn o Alba Dorada

Bajo el impulso de Woodman, Mathers y Wynn Westcott, en 1887, y en el seno de la SRIA, se fundó la orden hermética de la Golden Dawn in the Outer, es decir, la orden hermética del Alba Dorada, la cual debía actuar con un espíritu más operativo y no únicamente espiritualista.

La carta de la Golden Dawn (o GD) fue otorgada por un cuerpo rosicruciano alemán dirigido por Anna Sprengel. Mathers y sus compañeros son honorablemente conocidos en los círculos ocultistas: todos ellos atrajeron de inmediato numerosos investigadores.

En octubre de 1888 fue consagrado en Londres el templo Isis-Urano n.° 3, el cual funcionaba con cinco grados y admitía solamente a hombre y mujeres en condiciones de igualdad. Posteriormente fue fundado en Bristol el templo de Hermes, el de Horus en Bradford y el de Amon-Ra en Edimburgo. Unos años antes existía en París el templo de Ahator n.° 7, que Jules Bois habría frecuentado. Los templos eran lujosos, la decoración suntuosa, las ceremonias grandiosas. Los participantes estaban convencidos de que lo invisible se les manifestaba bajo formas diversas e inesperadas.

El Alba Dorada se jerarquizó en once grados o escalones, divididos en tres clases, teniendo cada una de ellas una correspondencia con una sefira:

– Primera clase (o primer orden)

Neófito	0° o	0	(grado preparatorio)
Zelator	1° o	10	(Malkuth)
Theoricus	2° o	9	(Yesod)
Practicus	3° o	8	(Hod)
Philosophus	4° o	7	(Netzahz)

– Segunda clase (o segundo orden)

Adeptus minor	5° o	6	(Tiphereth)
Adeptus major	6° o	5	(Geburah)
Adeptus exemptus	7° o	4	(Ch'eced)

– Tercera clase (o tercer orden)

Magister Templi	8° o	3	(Binah)
Magus	9° o	2	(Khochmah)
Ipsissimus	10° o	1	(Kether)

Una instalación especial estaba reservada a los adeptos menores, integrados en una orden particular, que emanaba sin duda de la Rosacruz de Oro, y que se llamaba orden de la Rosacruz de Oro y de la Rosa Roja, es decir, Rosa Rubra et Aurea Crux, o RRAC.

El quinto grado pone al adepto, dice el ritual, en comunicación con directa con su ángel guardián, y pese a que «su alma está inundada de lo sublime..., esta posesión espiritual tiende a trastornar el alma, a modificar el cuerpo y a conducir al espíritu hacia las esferas superiores». Este estado comporta un gran peligro, pues si el adepto sucumbe al miedo, corre el riesgo de caer en la locura o en la tentación del suicidio.

Los tres adherentes más notables del Alba Dorada en sus comienzos fueron S. Mathers, Aleister Crowley y William Butler Yeats.

Debemos retener también los nombres de algunos personajes fuera de serie: Moira Bergson (hermana del filósofo y esposa del imperator Samuel Lidell Mathers), Maud Gonne (inspiradora de William Butler Yeats, nacionalista irlandesa, madre del político Jean-

Marc Bride, a su vez iniciado en la GD), Florence Farr (directora teatral, actriz y amante de Bernard Shaw), el astrónomo William Peck (celebridad mundial), Gerard Kelly (que fue cuñado de Aleister Crowley y que llegó a presidente de la muy oficial Royal Society (institución correspondiente a la Academia de Ciencias francesa), Arthur Machen (escritor y amigo de P. J. Toulet), Bram Stocker (el famoso autor de *Drácula*), Sax Rohmer (célebre autor de novelas de angustia) y Edita Montes (condesa de Landsfeld, bastarda de Lola Montes y de Luis I de Baviera).

La iniciación era confirmada mediante la atribución de una divisa, habitualmente latina (pero a veces también en gaélico), que recordaba al afiliado la vía de la cual no debía apartarse nunca para conseguir la plena floración de la Rosa roja, es decir, de sí mismo, lo que los místicos cristianos llaman la «fina punta del alma». Las iniciales de cada una de las palabras devenían las siglas del iniciado. Veamos algunos ejemplos:

Anna Sprengel era *Sapiens Dominabitur Astris* (SDA); Woodman era *Vincit Omnia Veritas* (VOV); Wynn Westcot, *Sapere Aude*, (SA); S. Lidell Mathers era *Deo Duce Comite Ferro* (DDCF); Moira Mathers, *Vestigia Nulla Retrorsum* (VNR); Florence Farr, *Sapientia Sapienti Dona Data* (SSDD); el novelista Arthur Mache, *Filius Aquarii* (FA), y el doctor Felkim: *Finem Respice*, (FR).

Los «oficios» presentaban una cierta analogía con los de las logias masónicas azules (los de los tres primeros grados), pero en el Alba Dorada sus nombres procedían de la mitología egipcia:

- Imperator (venerable): Nephtys.
- Cancellarius (secretario): Thoth.
- Hierophante (maestro de ceremonias): Osiris.
- Hiereus (orador): Horus.
- Stolistes (diáconos): Auramooth.
- Sentinelle (guardián): Anubis.
- Praemonstrator (introductor): Isis.

Los colegios de oficiales no constituían más que una jerarquía puramente ceremonial. Los verdaderos jefes de la orden habrían sido los Superiores Desconocidos, definidos así por S. L. Mathers:

«Respecto a estos jefes secretos, yo no puede decirles nada. No sé siquiera sus nombres terrestres y los conozco solamente por ciertas divisas secretas; no los he visto sino raramente en su cuerpo físico, y en esos raros casos la cita fue concertada, por ellos, en el Astral. Me encontraban físicamente en un tiempo y lugar fijado de antemano. Yo creo que son seres humanos, vivos en esta tierra, pero que poseen unos poderes terribles.

»... Me sentía en contacto con ellos con una fuerza tan terrible que puedo compararla a la sensación experimentada durante una tormenta, cuando el rayo cae cerca de uno. Yo perdía la respiración y varias veces caí presa de un síncope.

»La postración psíquica se acompañaba de sudores fríos y de hemorragia por la nariz y la boca.»

Aleister Crowley y la Orden del Templo de Oriente

Los anales de la Golden Down están marcados por escenas de violencia, de cismas, de mutuas excomuniones. Pierre Victor, en el notable ensayo *L'Ordre hermétique de la Golden Dawn*,[14] ha evocado este sistema mágico que estaría en relación con el de John Dee, el astrólogo de la reina Isabel I de Inglaterra. Una atmósfera muy particular dominada por la extraña estatura de Aleister Crowley (1875-1947), del cual desdichadamente sus escritos apenas han sido traducidos en Francia. Veamos como Alain Mercier evoca a Crowley en su obra *Eliphas Lévi*:

Aleister Crowley en 1929 (1875-1947) (Foto extraída de P. Ravignat y P. Mariel, *Les Maîtres spirituels*, CAL, 1972).

180

El alba dorada. Emblema de la Orden
Hermética de la Golden Dawn.

«El mago más considerable del siglo XX, Aleister Crowley, nos es mucho mejor conocido que el extraño P. B. Randolph. ¿Hay que recordar que fue iniciado en la GD, que compuso poemas y tratados de magia, que abandonó la GD para fundar su propia orden, el Astrum Argentinum, y que practicó el erotismo mágico bajo todas sus formas en su Thélème de Cefalu? Todo esto ha sido abundantemente revelado en Francia desde hace algunos años. Crowley debía mucho a la lectura de Lévi, del cual se creyó durante un tiempo su reencarnación terrestre. Crowley nació en 1875, el año en que murió Eliphas Lévi y fue fundada la Sociedad Teosófica. Es gracias a la lectura de Lévi que comenzó a interesarse por la cábala, pero quiso saber más y consultó los rituales y los grimorios que más atrás se remontan en el tiempo. De hecho, Eliphas subyugó a Crowley quizá más como personaje y mago que como autor. ¿No escribió Aleister una novela corta, *El sueño circeano* (The Circeam Dream), en la cual Lévi es uno de los principales héroes? Este relato, publicado en la revista *The Equinox*, lleva la impronta de la estancia de su autor en París, entre 1908 y 1910. Sus amigos, Gerard Kelly y Somerset Maugham, le habían introducido en la bohemia de Montparnasse. Maugham publicó por aquel entonces su novela *The Magician*, en la cual Crowley pudo hallar fácilmente las claves de su propia vida, o más bien de su propia leyenda, y en diversos clásicos del ocultismo, casi plagiados, entre los cuales *The Kabbalah Unveiled* de Mathers, según Rosenroth, está nada menos que plagiado del... ¡*Dogme et Rituel de Haute Magie*! Crowley demostró las fuentes de la inspira-

181

ción de Maugham en la revista *Vanity Fair* del 30 de diciembre de 1908. Volviendo al propio relato de Aleister, éste relata cómo un joven romántico se vuelve loco después de haber perdido la dirección en París de su bienamada; pero luego encuentra a Eli-phas Lévi, quien promete curarle bajo la condición de que el desdichado no vuelve más –hasta su muerte– a la calle donde supone que vive su amada.

»La curación se produce, pero un día después de la muerte de Lévi, el joven romántico, para probarse a sí mismo que no tiene nada que temer, se pasea por la vieja calle maldita. Inmediatamente le asalta la antigua obsesión y, durante el resto de su vida, buscará a través de París a su bella de cabellos de oro, la cual se habrá convertido, él lo sabe, en una ancina dama irreconocible. *Las confesiones* de Crowley nos dicen que hacia 1920 su autor traducía *La clave de los grandes misterios*, pero esta traducción se quedó, al parecer, entre los papeles del mago, quien aquel año se instalaba en Italia. La obra escrita por Aleister Crowley es monumental, pero es demasia-

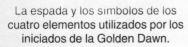

La espada y los símbolos de los cuatro elementos utilizados por los iniciados de la Golden Dawn.

Los emblemas (Lamen) de los oficiales de la Golden Dawn.

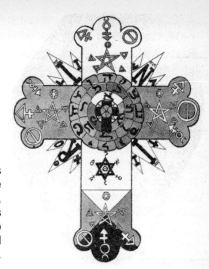

La rosacruz. Los veintidós pétalos de la rosa, cada uno de ellos de color diferente, correspondientes a las veintidós letras del alfabeto hebreo y a los doce caminos del Árbol de la Vida.

do ignorada en Francia, donde aún se ve en su autor, en este ser prodigioso, a la reencarnación de la "grande Bête". La influencia de Lévi se manifiesta, como es de suponer, en diversos pasajes, mezclada a la de Rosenroth, Mathers, Eckartshausen... y, en poesía, a la de Swinburne y Baudelaire.

»El adversario encarnizado de Crowley en el seno de la Golden Dawn fue W. B. Yeats, cuya reputación de gran poeta comenzaba a eclipsarse ante la de su rival, menos sutil en las letras. Yeats estuvo primero, en sus años de aprendizaje irlandés, atento a las leyendas populares y a las teorías de la Sociedad Teosófica. Con la lectura de William Blake se apasionó pronto por la simbólica tradicional y elucidó las relaciones entre el misticismo y la poesía. En Londres, profundamente orgulloso de sus estudios herméticos, entró en contacto con S. L. Mathers y participó en el desarrollo del Alba Dorada, en la cual franqueó rápidamente todos los grados. Su curiosidad se dirigió simultáneamente hacia la magia práctica, el rosicrucianismo y la alquimia espiritual. Entre sus fuentes habrá que situar, pues –y según su propia confesión– a las obras de Eliphas Lévi, pese a que los conocimientos de Yeats respecto a la lengua francesa fuesen harto limitados. Aprendió nuestra lengua, o al menos lo intentó, para poder leer el texto original de *L'Axel* de Villiers de l'Isle Adams, obra maestra para él y de la cual nosotros sabemos cuánto le debe a Eliphas. Sin poseer una práctica muy desenvuelta del francés, Yeats tenía sin embargo el recurso, desde 1887, de leer las traducciones de su gran amigo A. E. Waite. De paso por París, el lírico irlandés rindió visita a Stanislas de Guaïta y el nombre de Lévi salió sin duda en la charla que ambos mantuvieron.»

He dado en distintos lugares[15] otros documentos sobre Crowley y he evocado su vida –ferviente alpinista, campeón de ajedrez–, señalando su participación en otras sociedades: la Alpha-Omega, la Astrum Argentinum (o AA), estando en esta última a la búsqueda de una realización interior, sin forma ritual, sin iniciación ritual. Crowley redactó un notable ritual de autoiniciación, el «671».

Crowley dirigía la OTO (Orden del Templo de Oriente), la cual utilizaba un ceremonial particular.

La OTO y la Golden Dawn influyeron en ciertas sociedades secretas alemanas, particularmente en el grupo Thule, en cuyo seno los dirigentes del nacionalsocialismo se habrían encontrado. Werner Gerson[16] ha desarrollado esta cuestión y, tras mis conversaciones con Pierre Mariel, yo he tratado igualmente este punto.[17] Rudolf Hess, iniciado en Egipto, tuvo alguna influencia en el origen del grupo, lo mismo que Julius Evola, consejero oficioso de Mussolini, y que creó una obra basada en el pensamiento Tradicional formando, en 1940, el grupo UR y desarrollando las doctrinas del Despertar. No puedo evocar aquí estas extrañas e inquietantes transmisiones.

The Builders of the Adytum (BOTA)

Sin embargo, después de la muerte de Mather en 1918, el Alba Dorada conocería graves dificultades. En 1920, Paul Foster Case, que había sido su último prolocutor general para los Estados Unidos y el Canadá, fundó una escuela esotérica por correspondencia titulada School of Angeless Wisdom. En 1922, cuatro antiguos miembros de la Golden Dawn –los templos de Nueva York y Filadelfia–, restablecieron el contacto con los directores de la Escuela Interior y solicitaron autorización para constituir un nuevo vehículo «exterior» que tomó el nombre de Builders of the Adytum (BOTA). Paul Foster Case fue nombrado prolocutor general *ad vitam*. La revisión de las enseñanzas y de los rituales se hizo bajo la dirección de un maestro de la Escuela Interior, conocido bajo el nombre del Húngaro o de Maestro R., quien formalizó la colaboración de Ann Davies, la ayudante del propio Case. Ann Davies sucedió a Case cuando éste murió en 1954 y fue apoyada por Harriet Case, la viuda de Paul. Tras la muerte de Ann Davies, la orden ha sido dirigida por un pequeño número de miembros, los cuales han instituido un gran capítulo.

El gran capítulo de BOTA, instalado en Los Ángeles, dirige las ramas anglosajona, australiana, española y francesa. Esta última tuvo nacimiento en 1948 por mediación de la esposa de un diplomático francés destinado en Washington. Esta dama compró un libro de tarot de P. F. Case y formó un pequeño grupo en Francia, haciendo traducir una parte de la enseñanza por correspondencia. Desde entonces, este grupo se ha estructurado y ha formado un Pronaos en París. Los Constructores del Adytum (BOTA), en su rama francesa, dependen pues de su sede general americana,[18] pero gozan de una cierta independencia. Desde su sede en Francia,[19] cubren todo el territorio metropolitano y de ultramar, el Canadá francófono, Suiza, Bélgica y los países francófonos de África.

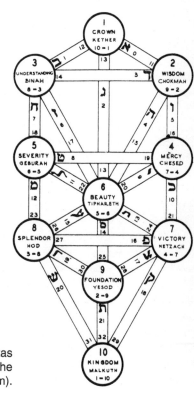

El árbol de la vida y los sefirotas del tarot BOTA (Builders of the Adytum).

185

Jacques Le Page, presidente de la rama francesa,[20] me escribe: «La estructura de BOTA está calcada de la Golden Dawn en su aspecto esotérico, pues comprende el trabajo rituálico de grupo en un templo según el mismo esquema bien conocido que implica la subida del árbol de la vida a través de los senderos y del sefirot y la jerarquía de las tres clases. La diferencia reside en la enseñanza, que en lugar de ser dada oralmente en el templo, es ahora difundida por cursos dactilografiados y por correspondencia, mediante una cotización anual que no supone compromiso iniciático ni frecuentación del templo».

La Hermetic Brotherhood of Luxor (HB of L)

Antes de cerrar este capítulo, señalemos que la Hermetic Brotherhood of Luxor (Hermandad Hermética de Luxor) o HB of L, apareció en Boston hacia 1880 y entró rápidamente en liza «con armas mágicas», primero con los grupos espiritistas seguidores de Allan Kardec y luego con los dirigentes de la Sociedad Teosófica.

Asociación muy secreta, la HB of L sigue existiendo, aunque cuenta con pocos adeptos. Su estado mayor reside actualmente en Zurich. Poderosamente jerarquizada, su enseñanza, oral y por correspondencia, se hace por grados y exige un intenso trabajo personal. Recomienda las siguientes obras:

– *Light of Egypt*, *Celestial Dynamics* y el *Language of the Stars*, las cuales habrían sido redactadas, según René Guénon, por T. H. Burgoyne, uno de los primeros animadores de la Hermandad Hermética de Luxor.

– *Ghostland*, traducida al francés con el título de *Au pays des Esprits*, que se atribuye a la señora Hardinge Britten.

Ghostland nos cuenta que la introducción en la vía real no depende de demandas reiteradas o de investigaciones de la erudición profana, sino que es el resultado de una predestinación: «Una instrucción exterior –se precisa– carece prácticamente de valor como vía para acceder al conocimiento. La bellota se convierte en roble, el coco se transforma en palmera, pero ya puede el roble dar miríadas de otras bellotas que no se vuelve bellota a sí mismo ni la palmera se vuelve coco. Lo mismo sucede con el hombre: en cuanto el alma se manifiesta sobre el plano humano, no vuelve a pasar jamás a los planos infrahumanos».

La HB of L aseguraba su reclutamiento por medio de la astrología: «Cada raza de seres humanos, considerada en sí misma, es inmortal. Y lo mismo sucede con cada ciclo. Los seres del primer ciclo son, espiritualmente, los padres de los del segundo ciclo... Cada ciclo comprende una gran familia constituida por la reunión de diversos grupos de almas humanas; cada condición está determinada por una trinidad de leyes ocultas: la ley de la Forma, la ley de la Actividad y la ley de la Afinidad».

El primer secretario general fue el escocés T. H. Burgoyne y el gran maestre visible un americano, Peter Davidson, a quien Papus definió como «uno de los más notables entre los adeptos occidentales». Papus, según Philippe Encausse, fue uno de los agentes de esta sociedad en Francia.

J.-C. Frère menciona igualmente los nombres de Sédir, Chaboseau, Barlet y Marc Haven. P. B. Randolph (1815-1875), evocado a menudo por Pierre Mariel por su notable tratado *La Magia Sexualis*,[21] también perteneció a este grupo que «se propone desarrollar la teoría oculta bajo el punto de vista de la intelectualidad y por las tradiciones propias de Occidente; enseña unas prácticas tendentes al desarrollo de las facultades espirituales».

«La entrada es difícil y se somete, sin recurso, a las tendencias ocultas del postulante, determinadas por el examen esotérico de su tema astrológico.»

La Ordo Templis Orientis (OTO)

La OTO es una orden iniciática abierta a los hombres y a las mujeres libres, mayores de edad y de buena reputación. Impregnada de sufismo y de tantrismo, transmite la «corriente mágica» y tiene por divisa: *Haz lo que quieras y ello será la plenitud de la ley*, mientras que la fórmula terminal se establece así: *El amor es la ley, el amor sometido a la voluntad.*

La OTO fue fundada en 1895 por Karl Kellner (1850-1905), quien, a su muerte, fue sustituido por Theodor Reuss (1855-1923), del Rito de Menfis-Misraim. Aleister Crowley se hizo miembro de ella en 1911, devino jefe de la rama inglesa en 1912 y después jefe de la orden en 1922. La OTO fue prohibida por Hitler en 1937. Su sede, fijada en California, se mantuvo hasta la muerte de Crowley en 1947. Karl Germer, su sucesor, murió en 1952, y la sede internacional sigue manteniéndose en EEUU.[22]

Esta orden, que es la primera en practicar la enseñanza de Crowley del *Libro de la ley*, posee nueve grados repartidos en tres tríadas y precedidos de un grado preparatorio llamado Minerval. Su estructura comporta logias, oasis y campos instalados en nueve países: USA, Canadá, Australia, Nueva Zelanda, Gran Bretaña, Noruega, Alemania y Francia. La orden ha reemprendido, desde 1986, la publicación de la prestigiosa revista de Crowley: *The Equinox*. En Francia, la OTO publica la revista *L'Oriflamme*.

Indicamos los tres grandes centros francófonos:

– Camp des Étoiles, 15 boulevard du Géneral de Gaulle, 93250 Villemomble (que publica la revista *Tahuti*).

– Camp Eliphas Lévi, s/c ARS, BP 778, 44029 Nantes Cedex 04 (que publica la revista *Thelema*).

– Loge du Phonenix, villa des Nations, BP 48, Nonmain, Sainte-Anne, 97180 Guadeloupe.

Orden Antigua y Mística de la Rosacruz (AMORC)

Esta orden, por su amplia publicidad en la prensa, es bien conocida del gran público.[23]

La Anticus Mysticusque Ordo Rosae Crucis (AMORC) fue fundada en el año 1909 por el doctor H. Spencer Lewis, en San José, California. Spencer Lewis dijo «despertar» la orden porque el círculo renacía cada 108 años. Pero resulta difícil hacer coincidir la fecha de 1909 a partir de la leyenda de Christian Rosencreutz, quien, para la AMORC no fue el fundador de la orden sino solamente uno de las grandes maestres que debía proceder al despertar de la organización mediante un nuevo ciclo de actividad.

De cualquier modo, la AMORC hizo remontar su origen «a las antiguas escuelas de misterios de Egipto», en torno al año 1500 a. de C., bajo el reinado de Thutmose III. Su organización propiamente dicha se fija en el año 1350 a. de C., bajo el reinado del célebre faraón Amenhotep IV (Akhenaton), quien abolió las religiones politeístas de su época para sustituirlas por la primera doctrina monoteísta del mundo. Desde Egipto, la orden (que habría contado con 300 miembros y 62 hermanas) se extendió por Grecia y, desde allí, pasó a Roma. Bajo Carlomagno, el filósofo Arnaud fue a instruirse en Jerusalén, en el año 778; de allí se trasladó a Egipto, don-

H. Spencer Lewis, fundador
en 1929 del AMORC.

de sus estudios duraron «dos años y alrededor de un mes más». Arnaud volvió a Francia en el año 802 e instaló una logia en «Tolosa, a poca distancia de la actual ciudad de Toulouse». Desde el 883 al 899, Frees fue el gran maestre y Phonaire su historiador oficial (del 1132 al 1134). La cruz ansada sería para Lewis la reunión de la rosa y de la cruz. Se puede sin embargo pensar en otro simbolismo para la cruz ansada: el asa existía antes de Thotmés III, predecesor de Amenhotep IV, y su sello habría llegado a las manos de Lewis no se sabe cómo.

Hemos narrado, Pierre Mariel y yo, el relato hecho por Spencer Lewis[24] respecto a su iniciación.[25] Uno puede preguntarse si Lewis encontró algún rastro del misterioso grupo de Edouard de Lapasse, sin duda frecuentado por Adrien Péladean en Toulouse.

El primer imperator, el doctor H. Spencer Lewis, evoca en un folleto publicado en francés, y comunicado a determinados afiliados, las circunstancias de su adopción por los Hermanos Mayores. Sin embargo nada indica que esos Hermanos Mayores sean los mismos que aquellos de los cuales vamos a hablar pronto. Ningún otro testimonio, aparte del suyo, niega ni confirma este relato. En el transcurso de una estancia en París, hacia 1908, conoció a un sabio que tomó su celo en consideración y le dirigió hacia el sudoeste de Francia: la última estapa fue Toulouse.

La escena se desarrolla en una «vieja torre» tolosana que los rosacruces del pasado llamaban el *Frater Donjon*.

189

El «Frater Donjon» de Toulouse (Foto AMORC, San José, California).

«...Yo avanzaba hacia la vieja torre, el corazón un poco oprimido, pero no sin osadía. Llamé a la puerta pero no obtuve respuesta. Vi entonces, cerca del muro, un cordón y tiré de él. Resonó una campanilla en algún lado de las profundidades de este edificio que parecía haber sido construido hacía centenares de años, lo cual ciertamente era el caso...

»... Finalmente la puerta, rechinando, se abrió ligeramente. Esperé. Estaba muy oscuro en el interior y parecía que en aquel lugar no había ningún signo de vida. Me decidí a empujar la puerta y a entrar. Me encontré entonces ante una vieja escalera que parecía bien cuidada. Empujé la pesada puerta y oí el clic de la cerradura. Estaba encerrado en la vieja torre y no experimenté ningún temor.

»Me pareció que algo, arriba, se había movido. El menor ruido, en aquel edificio silencioso, adquiría proporciones enormes. Una gran abertura daba acceso al primer piso, luego la escalera se hacía circular y cada piso se desplegaba en galería alrededor de la escalera. Las galerías eran muy oscuras y no muy anchas.

»Miré hacia arriba a través de la abertura y, para manifestar mi presencia, lancé un "¡Hola!" sin saber si verdaderamente tal saludo era el adecuado en aquellos lugares. Enseguida, viniendo de un piso superior, oí claramente: "¡Entrad, entrad!". Subí inmediatamente...

»... Llegué al fin al piso superior y vi que éste consistía en una pequeña habitación cuadrada, con varias y pequeñas ventanas. Las paredes estaban tapizadas de estantes llenos de libros aparentemente muy viejos. Había dos mesas en la habitación, de aspecto ordinario y muy gastadas, una veintena de viejas sillas que, en cambio ofrecían mayor interés por su estilo antiguo, y un viejo escritorio cubierto de manuscritos y de los útiles necesarios para sellar los documentos. En el escritorio había también una bujía, cera, fósforos, algunos productos químicos, una pluma de oca, tinta y algunos mapas astrológicos.

»El hombre que me acogió era anciano. Llevaba una larga barba gris y largos cabellos ligeramente rizados, de un blanco puro, que le caían hasta los hombros. Se mantenía muy derecho y su alta estatura, sus anchas espaldas y su distinción eran imponentes. Sus ojos pardos sorprendían por su brillo. Hablaba con una voz suave y sus gestos eran rápidos. Vestía una túnica blanca bordada con algunos símbolos que me resultaban desconocidos, pero que no ignoran aquellos que son miembros de la orden rosicruciana AMORC.

»Me dirigí a él en inglés: "Me presento a usted sin haber sido invitado, señor, y si lo hago es en primer lugar porque siento que este

191

edificio presenta para mí un gran interés, y en segundo lugar, porque usted me ha dicho que entrara. Estoy buscando una información difícil de obtener y quizás usted podría ayudarme en mi investigación, tanto que, por lo que veo, usted parece interesado por la astrología", le dije señalando los mapas que se hallaban sobre el escritorio.

»Me respondió en un excelente inglés, pero con un pronunciado acento francés: "Usted no es ni mucho menos un intruso, amigo mío. Usted conoce la astrología y sabe por lo tanto qué son las 'direcciones'. Digamos pues, si le parece, que usted ha sido 'dirigido' hacia aquí. Tengo ahí, sobre mi escritorio, su tema natal. Le estaba esperando.

»"Tengo también una carta preparada para usted. Ella os será útil. Conozco la investigación que usted ha emprendido y esta carta es la respuesta a su pregunta. Pero siéntese usted. Tengo muchas cosas que enseñarle y explicarle.

»"Ha buscado seriamente la orden de la rosacruz y aspira usted a ser miembro de ella. Quizás su deseo pueda ser realizado, pero, ¿y después? ¿Participará usted en la gran obra? ¿Aceptará perpetuar la orden en su país? Coraje, bravura y decisión le serán necesarios."»

Después de haberle dicho que había estado vigilado desde su llegada a París y durante toda su estancia por el Sudoeste y que los informes que le concernían eran altamente favorables, el sabio mostró a Spencer Lewis unos documentos auténticos (de apasionante interés) sobre la Rosacruz. Luego le dice que esté dispuesto para participar en una ceremonia impresionante que tendrá lugar próximamente. Algunos días más tarde, llega un coche.

«El coche –sigue relatando Spencer Lewis– cruzó el par de kilómetros que nos separaban de las puertas de la ciudad y luego siguió por un carretera paralela a un riachuelo hasta la vieja villa de Tolosa. Tolosa fue la primera ciudad romana de la región de Toulouse y hoy está en ruinas. El recorrido que hicimos presenta mucho interés. Llegamos al fin a una gran mansión rodeada de altos muros y el coche franqueó el portal de la entrada. Los magníficos parterres de flores y el césped bien cuidado de la finca se ofrecieron a mi vista. A la izquierda de la finca, un castillo parecía anidar en el hueco de una colina verdeante. Más cerca del portal vi algunas viejas casas, una de ellas, cuadrada, que era particularmente atrayente. El coche se paró cerca de ella. Descendimos y, a la entrada, fuimos acogidos por un joven de uniforme que, por su corte, se hubiera dicho militar. Parecía conocer al chófer y le saludó estrechándole calurosamente la mano. Luego se volvió hacia mí y me hizo compren-

Ilustración extraída del *A.B.C. para los jóvenes estudiantes, basado en las enseñanzas de los rosicrucianos en los siglos XVI y XVII* (1785), traducción francesa de 1980, con prefacio de Spencer Lewis (Villeneuve-Saint-Georges).

der por gestos que debía entregarle una carta o una tarjeta. Le tendí la carta que me había confiado el gran secretario. El joven, después de haberla leído, me saludó cordialmente y me hizo entrar en una gran sala de espera.

»La casa era desde luego muy antigua. Estaba hecha enteramente de piedra, pero éstas estaban visiblemente gastadas, hasta el punto que uno se preguntaba cómo tal edificio podía mantenerse aún de pie. Al cabo de unos minutos fui presentado a una mujer de edad que, inclinándose, me ofreció su mano y me acompañó a un piso superior, desde el que fui conducido, con la misma ceremonia, a una sala más pequeña. Allí me entregaron algunas hojas que contenían las instrucciones que me habían sido reservadas.

»Fui así informado de que encontraría a los oficiales de la Gran Logia a la puesta del sol, es decir, tres horas más tarde, y que mientras debía estudiar atentamente las instrucciones que me habían sido entregadas y, también, descansar un rato. Naturalmente, no puedo publicar aquellas instrucciones.

»... Leí y releí las instrucciones y después me distendí. Las leí una vez más y me dormí sobre el viejo diván de aquella sala de paredes de piedra, en ese misterioso edificio que, en aquella época, era el gran templo de la Orden en Francia.

»... Fue esa misma noche cuando fui iniciado en la orden de la rosacruz. Mi "pase del umbral" tuvo lugar en aquella sala memorable. Adquirí unos compromisos solemnes, recibí la gran bendición y me convertí en un *frater* de la Orden en el instante en que sonaba la medianoche en la torre de esta residencia secreta.

»Había encontrado la luz. La Rosacruz me había aceptado y mi alma se había estremecido al sentir el hálito de la la iluminación...»

Unos días después, en Toulouse, Spencer Lewis concluye:

«... Asistí a la convocatoria mensual de los Illuminati en otro edificio antiguo situado a orillas del Garona. Este edificio había sido construido con la ayuda de piedras procedentes de diversas partes de Egipto, de España y de Italia. Estas piedras habían formado parte de monumentos, de templos y de pirámides hoy en día en ruinas. La piedra angular del edificio había sido traída de Tell-el-Amarna, donde el gran maestre de la Orden vivió en cierta época.

»La parte superior del edificio era utilizada en esta época como monasterio rosicruciano. En la bodega había una gruta rosicruciana. Esta "gruta" era amplia y sus muros estaban hechos de viejas piedras grises entre las cuales crecía el musgo y rezumaba la humedad. Estaba caldeada por una gran chimenea y su única iluminación provenía de bujías y antorchas. En esta "gruta" había un altar de una rara madera egipcia, magníficamente esculpido...

»... El día de mi marcha de Toulouse, varios documentos de la más alta importancia me fueron entregados. Ellos me investían con la insigne responsabilidad de perpetuar las actividades de la orden desde América. He aquí las últimas instrucciones que me entregó el muy venerable gran maestre de Francia, M. L...:

»Frater, *por estos documentos es usted nombrado legado de nuestra orden en su país. Sus deberes y sus privilegios están perfectamente definidos en ellos. Los documentos que usted posee y las joyas que hoy le entrego le permitirán obrar, llegado el momento, de la manera indicada. Cuando haya usted alcanzado algunos progresos, encontrará a un representante de la Orden en Egipto. Él le transmitirá otros documentos y otros sellos. De tiempo en tiempo, algunas personas irán a usted. Usted las reconocerá por los signos habituales. Ellas completarán los documentos que usted tenga para así entrar en posesión de todo cuanto necesita para llevar a cabo su trabajo. Nuestro secretario le enviará personalmente, en sobre sellado, con la protección del gobierno francés, otros documentos tan pronto nosotros hayamos sido informados por nuestros observadores de que usted ha obtenido progresos suficientes. Sus informes semestrales nos mostrarán si usted está incluso en condiciones de aportar una ayuda eficaz a nuestra Orden. Los dueños del mundo se sentirán felices de poder atender a las necesidades de usted si ello se revela necesario, y si la obra de nuestra Orden es fielmente cumplida, la paz profunda será compartida por un número sin cesar más grande de hombres de buena voluntad en su país y en el mundo.*»

Este relato, muy bello, misterioso y enigmático, permanece en la tradición de *Las bodas químicas* y se encuentran en él numerosos simbolismos.

A fin de demostrar sus poderes, Spencer Lewis hizo en Nueva York, el 22 de junio de 1916, una demostración pública de trasmutación en oro. Algunos periodistas refutaron esta operación que ahora resumimos sucintamente a partir del relato aparecido en la revista *The American Rosae Crucis*:

«Era la primera vez que la prueba de la realidad alquímica se establecía en América y que la demostración se hacía a través de los propios miembros de la Orden. El imperator tiene el derecho de ofrecer, una vez en la vida, semejante prueba en público. Ésta tuvo lugar en una reunión, sin ceremonial, en presencia de un representante del periódico *New York World*.

»Quince de los treinta y siete miembros habían recibido del imperator una tarjeta indicando qué ingredientes y objetos debían aportar para la operación. Ellos se comprometían a mantener secreto el título de las tarjetas y a no reunir las quince partes de la fórmula hasta transcurridos tres años después de la muerte del imperator. Después de la plegaria y de una alocución de este último referida a las leyes de la composición de la materia, un pedazo de cinc, que había sufrido la prueba de ensayo mediante el ácido nítrico, fue colocado sobre un pequeño plato de porcelana de China, encima del fuego de un hornillo. Los diferentes ingredientes, entre los cuales había los pétalos de una rosa, fueron presentados enseguida por quince hermanos y hermanas, una de las cuales representaba el papel de vestal ante el imperator, y fue la encargada de depositarlos sucesivamente sobre el plato.

»Después de los 16 minutos exigidos, durante los cuales el operador CONCENTRÓ UNA FUERZA DE ESPÍRITU poco común, el pedazo de cinc había sido transmutado en oro, hecho que fue químicamente establecido. El pedazo de oro, durante un tiempo determinado, fue expuesto al examen del público exterior en el gabinete del imperator y fue cortado un pequeño pedazo del mismo para ser enviado al Supremo Consejo de la Orden en Francia.

»Se esforzaron, en el *Maconniek Weekblad*, en poner en duda el valor de la demostración porque el metal no había recibido, después de la transmutación, el aumento deseado de peso en oro. Los hechos de la alquimia aquí mencionados fueron así combatidos y probados como insuficientes.»

La sede del AMORC fue establecida en el Rosicrucian Park, en San José, California (USA). Ralph M. Lewis sucedió a su padre y los rosicrucianos lamentan que un nieto no pueda devenir imperator. Es ésta la razón por la cual en 1987 Gary L. Stewart fue elevado a esta dignidad. La sede suprema refleja la riqueza de esta orden, que administra seis millones de adherentes (180.000 de los mismos en Francia). Se halla en la sede una biblioteca, un museo, una universidad y un laboratorio, además de las salas de conferencias, porque de 1.000 a 2.000 delegados pueden llegar en cualquier momento de todas las partes del mundo. Hay una Gran Logia nacional en cada país, estando éstos limitados no por sus fronteras políticas sino por sus

Ralph M. Lewis (archivos AMORC).

caracteres étnicos. El AMORC de Francia gestiona también a los afiliados de Bélgica, Luxemburgo, Suiza, Canadá y África.

Desde 1931 el AMORC ha estado representado en Francia. El doctor Hans Gruter, dentista de origen suizo, aseguró su dirección desde Niza. Su secretaria, Jeanne Guesdon (1884-1955), le sucedió en 1945. A su muerte (el 29 de marzo de 1955), transmitió su cargo a Raymond Bernard, quien fue nombrado gran maestre de por vida el 8 de julio de 1959. Este hombre enérgico y perfecto organizador dio a la orden nuevas estructuras. En 1972, la sede de Villeneuve-Saint-Georges fue transferida al castillo de Omonville (Le Tremblay, 27110 Le Neubourg), mientras los antiguos locales eran reservados a la editorial. En el castillo del Silencio (Château de Tanay, Saint-Didier-de-Formans, 06100 Trévoux) hay instalado un centro de reflexión. Su centro de París, instalado en el 199 bis de la rue Saint-Martin, París IIIe, está ricamente acondicionado y comprende, aparte de los templos, sala de conferencias, locales para emisiones radiofónicas (Radio 3), una librería y una sala de expo-

Raymond Bernard, nombrado gran maestre perpetuo del AMORC en 1959 (Foto Editions Rosicruciennes).

sición de pintura y escultura que está muy orientada en el espíritu de Péladan.

Convertido en legado supremo para Europa, codirector del Comité Mundial, Raymond Bernard traspasó el 26 de mayo de 1986 todos sus cargos a su hijo Christian, entonces de 35 años, y creó, en 1988, el Círculo Internacional de Investigaciones Culturales y Espirituales (CIRCES), grupo que no tiene ralación con el AMORC.[26]

«La Orden AMORC es ante todo un movimiento humanitario que tiende a aportar a la humanidad *durante la vida terrestre* más salud, felicidad y paz.» Pero aparte de esta fraternidad que une a sus miembros, estamos también ante una «escuela de psicología y de ciencias físicas» que tiene una enseñanza basada en el estudio de las moléculas, átomos, electrones, etc. Esta orden internacional, compuesta por hombres y mujeres, «quiere enseñar a sus miembros la manera de vivir en armonía con las fuerzas creadoras y constructivas del cosmos para adquirir la salud, la felicidad y la paz».

La AMORC lucha contra los dogmas, pero no desea imponer creencias. Quiere despertar las facultades latentes en el hombre, mostrar las preocupaciones metafísicas y humanas, llevarle sobre la vía del Conocimiento, a falta de poderle llevar sobre una vía de salvación. Su gran maestre, Raymond Bernard, declara: «Yo no renuncio a nada sino que me abro a todo».

Raymond Bernard dio una estructura masónica a los rituales rosicrucianos y se advierte en ellos una influencia del Rito Escocés Rectificado.

Actualmente la AMORC tiene templos en las grandes ciudades. La adherencia recibe cursos por correspondencia. Estos cuadernos de instrucción le permiten crear al adepto, en su casa, un *sanctum* donde, cada día, vestido de una determinada manera, se entrega a unos ejercicios espirituales. Debe aislarse del mundo profano para alcanzar el mundo sagrado. Se instruye en conocimientos rosicrucianos y puede ascender las etapas de una jerarquía espiritual. Es el adherente quien, aislándose ante un espejo a una hora determinada, es a la vez iniciador e iniciado.

Esto recuerda el método de Martinès de Pasqually, los Superiores Desconocidos. Algunos autores, entre ellos Clymer (revista *La Tour Saint-Jacques*, n.° 8), piensan que Spencer Lewis se inspiró en las obras de Aleister Crowley, quien mostró que el grado no podía ser conferido sino que únicamente era adquirido por el trabajo y la disciplina iniciática.

Cada Gran Logia supervisa las logias, los capítulos y pronaos de su jurisdicción, sus rituales de apertura y de clausura. Una meditación colectiva silenciosa es lo que se propone a los miembros. Un tema que tenga relación con los trabajos de la orden, iniciándolo con un breve mensaje y seguido de fraternales discusiones.

Además de estos círculos, pueden celebrarse otras reuniones en las cuales, los miembros que hayan alcanzado el mismo grado de iniciación, se encuentran (bajo la presidencia de un maestre de logia o de su delegado) para estudiar los temas tratados en tal o en cual monografía. Estas reuniones son los llamados «fórums de los graduados».

En el seno de sus estructuras (logias, capítulos o pronaos) pueden constituirse grupos que respondan a todas las demás aspiraciones de los miembros (teatro, música, visita a monumentos...) Esta orden muy activa posee en numerosas ciudades un centro cultural en el que se dan conferencias públicas, pronunciadas por personalidades extranjeras de la orden rosicruciana. Es un loable esfuerzo para la transmisión del pensamiento Tradicional.

Los estudios (después de una rotación de tres años y medio) se reparten en los nueve «grados del Templo». La extensión de los estudios de cada grado es variable. Parece que existen otros tres grados más allá de los nueve, lo cual haría un total de doce grados.

En su sección francesa, la AMORC censa a casi 180.000 adherentes. Esta sociedad ha constituido una orden interna, la Orden Martinista, gracias a una patente conferida en 1931 por Victor Blanchard y Augustin Chaboseau a Spencer Lewis para la difusión del martinismo en América. Esta patente es ahora explotada en Francia: en el seno de la AMORC se cuenta también con 80.000 martinistas, mientras que el grupo de Papus-Encausse cuenta con alrededor de un millar.

La asociación rosicruciana de Max Heindel

Esta asociación, fundada en 1909 en Seattle (Washington), se remite a su fundador Christian Rosencreutz. La sede está, desde 1911, en Oceanside (California), en el señorío de Mount Ecclesia, a 120 km al sur de Los Ángeles.

Max Heindel –que nació en Dinamarca el 23 de julio de 1865 y murió el 6 de enero de 1919– habría recibido las instrucciones de un misionero de la orden de la Rosacruz. Experimentó grandes dificultades para transmitir su mensaje, particularmente en Buffalo (NY). La asociación, que solamente recluta por cooptación, tiene ahora miles de adherentes repartidos por todo el mundo.

El símbolo de la rosacruz
de Max Heindel.

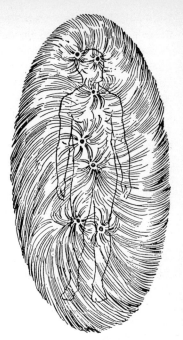

Las fuerzas psíquicas del hombre,
según la doctrina de Max Heindel.

The Rosicrucian Fellowship basa su enseñanza en el mensaje de Max Heindel: *La Cosmogonía de los rosacruces*. Estos místicos cristianos, guiados por una jerarquía de entidades invisibles, basan su enseñanza en la astrología y en el desarrollo de las facultades de curador. Esta escuela del pensamiento se esfuerza en hacer del cristianismo un factor vivo y operativo, pero estimula a los seres a conservar sus convicciones religiosas, cualesquiera que sean.

Los Hermanos Mayores deben apaciguar los sufrimientos morales y físicos de los seres humanos. Sus cursos se dan por correspondencia. La inscripción y la iniciación son gratuitas. Los gastos del curso son cubiertos por donaciones voluntarias.

Los miembros de la asociación se dividen en tres grados: estudiantes regulares, candidatos y discípulos. Además de las obligaciones a cumplir, son necesarios de dos a cinco años para ser admitido en el grado superior.

Hay nueve grados en los misterios menores de la orden rosicruciana. El primero corresponde al período de Saturno y los ejercicios destinados al mismo se hacen el sábado a medianoche. El segundo grado corresponde al período solar y su rito se celebra el domingo a medianoche. El tercer grado es el que corresponde al período lunar y tiene lugar el lunes a medianoche... y así sucesivamente. Cada uno de los grados corresponde a un período y tiene lugar el día y hora que le es propio. El octavo grado se celebra en la luna llena y, el noveno, en los solsticios de verano e invierno.

«Cuando un discípulo deviene un hermano, o una hermana laica, puede asistir al rito que se celebra la noche del sábado.» Pese a que todos los hermanos o hermanas tengan acceso al templo sin importar el día que sea, en su cuerpo espiritual no pueden penetrar en los servicios de los grados que todavía no hayan alcanzado. «Y sin embargo, aunque no se encuentre ningún grado visible, hay una muralla invisible e impenetrable que impide la entrada a todos aquellos que no han recibido el santo y seña.»

Esta asociación, cuyo objeto es ayudar al ser humano, no admite publicidad alguna. Deja acercarse a ella a todos aquellos que se sienten atraídos por su enseñanza. En los centros de París[27] y de Bruselas[28] se dan conferencias públicas.

Rosacruz de Haarlem o Rosacruz Moderna

La Rosacruz Moderna, que se proclama continuadora de la Rosacruz de Oro, fue fundada en 1925 y tiene su sede en Haarlem, al oeste de Amsterdam (Países Bajos). Esta Rosacruz de Holanda, que con frecuencia ha tomado el título de Rosacruz de Oro, no tiene empero ninguna filiación con el grupo homónimo del siglo XVIII. Pero su enseñanza integra algunas teorías cátaras y hace suyo el pensamiento de Déodat Roché, gran erudito del catarismo.[29] Éste, sin embargo, ha indicado en uno de los números de los *Cahiers d'études cathares* que no tiene ninguna relación ni con una ni con otra de esas dos sociedades. Pero es preciso comentar el espíritu del grupo de Haarlem, ya que tiene numerosos simpatizantes en Francia.

La enseñanza espiritual de la Rosacruz Moderna desea adherirse a la tradición primordial: así ha explotado los conocimientos de Antonin Gadal, quien, en un momento dado, participó en los trabajos de Déodat Roché. Gadal pasó su vida haciendo búsquedas arqueológicas e históricas en la región del Ariège, hasta que uniéndose a las concepciones de sus amigos holandeses, abandonó la Sociedad del Recuerdo Cátaro.

La doctrina de los rosacruces de Haarlem es de base gnóstica: cuando se produjo la caída, unas «mónadas» escaparon a la degeneración y se instalaron en el desierto de Gobi, en un lugar llamado la isla de Isis o Shamballah. Es desde ese centro del mundo desde donde irradia la universal Fraternidad de Hierofantes. Es en ese lugar donde Rosencreutz se habría reencarnado. Rechazando las ciencias, las filosofías y las religiones que no aportan la salvación, estos rosicrucianos rehúsan toda dialéctica y pretenden que en sus ciudades-refugios sus hierofantes poseen el don de emitir rayos crísticos que actúan de forma benéfica sobre los asistentes.

Los rosacruces de Haarlem, a los que se asimila con dificultad a los rosicrucianos, testimonian arbitrariamente el pensamiento cátaro. Es pues una secta aparte que se ha forjado su propia doctrina. Los miembros, poco numerosos, se reclutan por cooptación.

J. Van Rijckenborgh, el cual parece ser el imperator, editadas por su orden de la Rozekruis-Pers, ha escrito un gran número de obras, entre ellas *La filosofía elemental de la Rosacruz Moderna*, donde la doctrina del grupo no aparece claramente. Sorprenden sus clasificaciones sobre una gran variedad de magias sin que sean realmente abordados los valores de lo sagrado. Muchas de sus obras han sido publicadas en francés por las Éditions de la Rose-Croix d'Or.[30]

La sede de la Rozekruis-Pers es la comunidad religiosa Lectorium Rosicrucianum de los Países Bajos.[31] Existe igualmente una Rozekruis-Pers en Bélgica[32] y un Lectorium Rosicrucianum en Suiza.[33]

Pero estos rosacruces, acogedores y fraternales, permanecen muy discretos. Uno de sus establecimientos se halla en Ussat-les-Bains (en el Ariège), en una de esas grutas donde se refugiaban los iniciados cátaros (centro de Galaad). Han reconstituido unos ritos que se asemejan a los de los cátaros, pese a que no parecen compartir el sentido de la evolución indicado por los Perfectos.[34]

Hermanos Mayores de la Rosacruz (FARC)

La orden de los FARC («Frères Aînés de la Rose-Croix») habría surgido de los templarios y se remontaría al 1316. El único miembro cuya identidad es conocida es Roger Caro,[35] quien se denomina igualmente Patriarca de la Iglesia de la Nueva Alianza. Roger Caro ha publicado la *Légende des FARC* y siete documentos inéditos sobre la

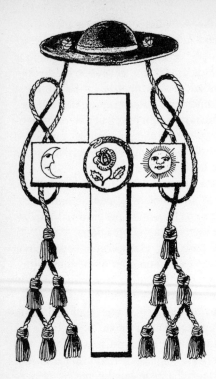

Dibujo de Jean Garcia
representando diversos
emblemas, incluido en la
simbólica de los Hermanos
Mayores de la Rosacruz.

gran obra, de los Maestros de Ajunta, bajo el título de *Pléiade alchimique*. Roger Caro permanece muy discreto y misterioso al hablar del centro de Ajunta, donde se instruiría a los miembros de su orden en la alquimia.

Hice, con Pierre Montloin,[36] un comentario más extenso sobre esta orden y, tras las relaciones con Caro, intenté[37] extraer un mensaje rosicruciano. Éste no aparecía con claridad y, al margen de la filosofía alquimista, conseguimos alcanzar la interpretación de la Iglesia de la Nueva Alianza.

La Brotherhood of Eulis y P. B. Randolph

Pascal Bewerley Randolph (1825-1875) es un extraño personaje que no solamente perteneció a la *Hermetic Brotherhood of Luxor* sino que participó también en la creación, o en la renovación, de una nueva orden rosicruciana: la *Brotherhood of Eulis* o Fraternidad de Eulis.

Randolph fue toda su vida un personaje misterioso. Huérfano desde los cinco años, practicó infinidad de oficios y siempre en las peores condiciones, ya que era mulato, hijo bastardo de un norteamericano de Virginia. Grumete en un velero, dio la vuelta al mundo. Dotado de gran voluntad, hizo él solo sus estudios y se licenció en medicina. Residió en numerosos países. En París, hizo amistad con otro mulato, Alejandro Dumas, y también con Eliphas Lévi. Al estallar la guerra de Secesión americana, abrazó la causa antiesclavista y reclutó una legión de voluntarios. Su valor y su inteligencia le valieron la amistad de Abraham Lincoln y del general A. H. Hitchcock.

Cuando se evoca su vida fértil en aventuras y rica en emociones, podemos pensar en los destinos de Jack London y de Joseph Conrad, quienes pudieron expresarse por la vía de la novela. Contrariamente, bajo la dirección del gran maestre Peter Davidson, Randolph, muy aficionado al esoterismo, ascendió rápidamente los grados de la enseñanza de los HB of L, lo que le supuso tener que enfrentarse a la Sociedad Teosófica de Helena Petrovna Blavatsky.

P. B. Randolph
(*Magia sexualis*, Association
de l'Index, Éditions Guy
Le Prat, 1952).

Sería hacia 1868 cuando Randolph se habría alejado de la Fraternidad de Luxor para crear o renovar un círculo mágico: la Hermandad de Eulis o EB. Se dice también que la EB era en realidad el núcleo más secreto de la Hermandad de Luxor y que ésta habría nacido de la OTO (Ordo Templaris Orientis). Théodor Reuss, efectivamente, fue amigo de Randolph.

Randolph, a su vez, escribió también gran número de obras: *Asrotis*, *Dhoula-Bell*, *Magh-Thesor*, *She*, *Master Pasion*..., novelas de base iniciática que reflejan su búsqueda espiritual. Es menester citar también, en el segundo plano de sus investigaciones, sus estudios en *Los espejos magnéticos*, el *Misterio anseirético* y el *Libro de las tres órdenes*, obras que merecerían ser reeditadas.

En el último libro citado, Randolph cuenta la anécdota en la cual un autor –por su propia imaginación– describe en «Nostalgia» una sociedad rosicruciana aunque no pertenezca a ella: conmoción entre sus miembros, que creen que uno de los suyos ha querido divulgar los más altos misterios. Desde luego, este relato nos recuerda a Jacques Cazotte (1719-1792), cuyo *El diablo enamorado* ha sido tan a menudo comentado. Particularmente me recuerda más especialmente a los estudios de Jean Richer[38] y de Claude Tattinger,[39] quienes supieron pintar la atrayente personalidad de Jacques Caotte.

Parece sin embargo que la Fraternidad Rosacruz de 1614 ya hubiese estado representada en Estados Unidos mucho antes de la pretendida creación establecida por Randolph. En 1774 tuvo un Gran Consejo de los Tres, formado por Benjamin Franklin, George Clymer y Thomas Paine, al cual habría sucedido La Fayette. Algunos de sus miembros parece ser que estuvieron en contacto con la logia «Humanidad» de París. Después del arreglo de los rituales de 1842, el Gran Consejo estaba compuesto por P. B. Randolph, el general A. H. Hitchcock y Abraham Lincoln. A partir de 1874, los grandes maestres de la Suprema Gran Logia de los Rosicrucianos de América, o «jerarquías de Eulis», fueron Freeman B. Dowd y R. Swinburne Clumer (1905).

En estas órdenes mixtas, Randolph dejó una profunda huella de su pensamiento iniciático. Más particularmente conviene remitirse al *Libro de las tres órdenes*, donde encontramos las enseñanzas del tantrismo, pero también las teorías de Stanislas de Guaïta,[40] del cual ya he ampliamente evocado y desarrollado la investigación mágica.[41] El falo era considerado como un elemento positivo, mientras el yoni receptor era pasivo y dotado de un polo negativo, pero lo mismo que el cerebro del hombre, el cerebro de la mujer deviene positivo. Como el hombre fecunda a la mujer que echa al mundo a un ser perfecto, el espíritu de la mujer fecunda el cerebro del hombre que lleva un proyecto de maduración. Para Randolph, el sexo es la principal fuerza dinámica de la naturaleza; todas las fuerzas emanan de la femineidad de Dios y, cuando se produce una unión carnal, estas potencias –en su máxima expansión– devienen operaciones mágicas. Por la unión carnal se apunta a la unión de las almas y, mediante ésta, a la unión con Dios.

Jacques-Antoine Dulaure (1755-1835), en su obra *Le culte du phallus*, relata varios episodios relativos a las «Divinidades generatrices». Este profundo pensamiento a veces ha sido deformado y, más allá de un trance mágico que es energía, algunos seres han querido saciar sus pasiones sexuales. He evocado este caso en la *Guide des sociétés secrètes*. Algunos grupos sin embargo estudian el éxtasis sexual como una operación mágica. Desde este punto de vista nos podemos preguntar cuál fue el papel de Marie de Naglowska, quien en 1931 tradujo la *Magia sexualis* y dio a conocer el nombre de Randolph. Marie de Naglowska nació el 15 de agosto de 1883 en San Petersburgo. Después de una vida fértil en acontecimientos, vivió cuatro años en París y se convirtió en una habitual de los cafés de Montparnasse, y más particularmente de la Coupole. La «sophial», gran sacerdotisa del Templo del Tercer Término, a través de una magia ceremonial, practicó los ritos de las Misas de Oro. Publicó varias obras, entre ellas *La Lumière du sexe et le mystère de la pendaison*.

Marie de Naglowska (1883-1936).

Entre sus admiradores cabe destacar a Claude d'Ygée, Camille Bryen, Marcel Iver, Jean Cartert y Marc Pluquet.[42] Marie de Naglowska murió en casa de su hija, Marie Grob, en Zurich, el 17 de abril de 1936. Pierre Mariel[43] relata, con menos complacencia, algunos recuerdos sobre la sacerdotisa. Debemos retener aquí el sistema evocado por el jerarca Randolph, cuya Fraternidad de Eulis mercería un estudio más profundo.

En torno a Steiner

Sin duda es difícil asociar la teosofía, e incluso la antroposofía, a la Rosacruz. Ya he sin embargo evocado a Rudolf Steiner.[44]

Sin retomar mi análisis anterior, es preciso definir en algunas palabras esta atmósfera, condenada por René Guénon y comentada aquí por Papus, quien en su *Tratado metódico de ciencia oculta* (p. 1.021), escribe: «Fue en 1885 cuando una sociedad que, según ella, representaba el esoterismo búdico, hizo su aparición en Francia. Combatiendo todas las escuelas y sembrando la división por todas partes, esta sociedad, a la cual primero nos adherimos, fue sufriendo fracaso tras fracaso al querer imponerse pese a todo en Francia y hoy su acción se halla enteramente destruida. La Sociedad Teosófica de Adya (India) fundó muchas ramas, las cuales, una tras otra, se han ido desgajando.

»Madame H. P. Blavatsky, una antigua médium espiritista que quería destruir en su nombre a todas aquellas escuelas poseedoras de la tradición occidental, ha visto como sus procedimientos eran desvelados y desbaratados uno tras otro.»

Helena Petrovna Blavatsky nació en Rusia en 1891. A los diecisiete años, abandonó a su marido septuagenario. Viajó a través de todo el mundo y encontró a un «maestro» venido del Nepal y conoció, en 1873 en Nueva York, al coronel Henry Olcott, hombre acomodado y ferviente ocultista. Ambos fundaron en 1875 la Sociedad Teosófica.[45]

Annie Besant, nacida en Londres en 1847, se casó a los dieciséis años con un pastor y se separó de él en 1871. Preconizaba la emancipación de la mujer, el libre pensamiento y el socialismo. Se unió a la causa de Blavatsky y del coronel Olcott y, a la muerte de su fiel amiga, abandonó el socialismo para consagrarse a la vía teosófica. Dos

Krishnamurti y Annie Besant (Foto extraída de P. Ravignant y P. Mariel, *Les Mâitres spirituels*, CAL, 1972).

libros revelan la línea de esta sociedad: *El velo de Isis* y *La doctrina secreta*.

Lo verdadero y lo imaginario se mezclan en ambos, lo mismo que se meclan en su estela investigadores sinceros, charlatanes y mixtificadores. De esta mescolanza se separa Rudolf Steiner, quien renuncia a la teosofía para formar su propia doctrina: la antroposofía.

Rudolf Steiner nació el 27 de febrero de 1861 en el pequeño pueblo húngaro de Kraljevicz, de padres austríacos. Impregnado del pensamiento de Goethe y de Nietzche, publicó en 1917 un estudio sobre *Las bodas químicas*. Ya he contado en otro lugar el análisis de S. Rihouet-Coroze y cómo se dio cuenta de que Steiner hacía una interpretación muy personal de la función de la Rosacruz, la cual debe elevarse hasta las esferas superiores de la vida para volver a obrar en el mundo físico. Es el tema de la «realización descendente», el cual ha sido tratado por Guénon, Valsan y Jean-Pierre Berthelon.

Steiner, en *Teosofía de la Rosacruz*, mezcla la reencarnación y el karma. Admite pues la reencarnación de Christian Rosencreutz en el siglo XV y formula una serie de comentarios personales sobre los *Manifiestos*. Jean-Claude Frère, en *Vie et mystère des rose-croix*, confirma sin embargo que Steiner había fundado en 1905 un círculo interior que se pretendía heredero de la Rosacruz.

He aquí de nuevo una nueva aportación espiritual altamente sugerente.

Otros grupos rosicrucianos

Numerosas sociedades se consideran como herederas –y únicas herederas– de la cofradía de la Rosacruz. Algunas de ellas han retomado el pensamiento y la organización de la masonería, pese a criticar esta orden en la cual se inspiran. Es difícil encontrar filiaciones, a menudo muy complejas. Pero podemos recordar a François-Charles Barlet, Papus y Teder, quienes se sucedieron al frente de la orden de Guaïta. También a Lucien Mauchal (llamado Chamuel) y a Victor Blanchard, quienes asumieron igualmente la función de gran maestre en la Rosacruz a la vez que compartían igualmente altas responsabilidades en otros grupos. Éste es también el caso de Augustin Chaboseau, quien sustituyó a Victor Blanchard en 1939 a la vez que asumía la presidencia de la orden Martinista Tradicional.

Este revoltillo de sociedades podría resumirse por las líneas esenciales siguientes, que han sido muy bien analizadas por Serge Caillet:

Orden cabalística de la Rosacruz (OKRC) (1897)

Formaron parte de ella Stanislas de Guaïta, François-Charles Barlet, Albert Faucheux (†1921), Papus († 1916), Teder (Charles Détré, † 1918), Lucien Mauchel (llamado Chamuel, † 1936), además de Victor Blanchard († 1939), quien dio una patente a Spencer Lewis y fundó la FUDOSI en 1934. De 1939 al 2 de enero de 1946, la presidió Augustin Chaboseau, al que sucedió Georges Lagrèze, quien murió súbitamente el 27 de abril de 1946 en Angers, y del cual Robert Ambelain dice ser sucesor. Augustin Chaboseau era igualmente el gran maestre de la orden Martinista Tradicional, de forma que las dos órdenes tienen puntos en común.

Robert Ambelain (1990).

Monseñor Jean Bricaud (Archivos Philippe Encausse).

Talismán, según la Orden Cabalística de la Rosacruz.

En 1919, Jean Bricaud, que reivindicó la sucesión de Teder (para la cual, de hecho, había sido nombrado Chamuel), fundó la orden de la Rosacruz Cabalística y Gnóstica. Le sucedieron Constante Chevillon (asesinado en 1944) y después Charles-Henry Dupont (†1960), quien transmitió todos sus poderes a Philippe Encausse.

211

ORDRE KABBALISTIQUE

DE LA

ROSE ✠ CROIX

DIPLÔME DE DOCTEUR EN KABBALE

Au nom de אלוה יהוה,

Nous, Frères illuminés de la Rose ✠ Croix,

Vu le rapport de la Commission d'examen et d'enquête instituée conformément aux réglements de l'Ordre:

rapport attestant: — 1° que le Frère *Papus* (*Gérard Encausse, Docteur-Médecin de la Fté de Paris, Médaille des hopitaux, Officier d'Académie*), a justifié de son initiation antérieure au grade de **Licencié en Kabbale**, par la présentation d'un diplôme régulier; — 2° qu'il a satisfait aux épreuves requises à l'effet de devenir Rose ✠ Croix du troisième degré (cercle extérieur);

Lui décernons le présent **Diplôme de Docteur en Kabbale**, lequel Diplôme lui confère en outre la dignité de **Rose ✠ Croix du troisième degré.** = ℵ, I.H.

Requérons tous les Frères Rose ✠ Croix (et nommément les Chefs de Collèges) de notre obédience, — prions les membres individuels comme les Présidents de groupes des Sociétés en communion ésotérique avec notre Ordre, d'accueillir fraternellement le porteur du présent Diplôme, lui rendant les honneurs inhérents à son grade; enfin, le cas échéant, de lui prêter assistance et appui.

Donné à *Paris*—le *5 de Juillet 1892*—

Pour Le F∴ **Architiste** :

Julien Lejay.

SIGNATURE DE L'IMPÉTRANT.

Germain Papus

Pour Le F∴ **Directeur** :

St. de Guaita.

Le F∴ **Directeur** :

H. le Guaita.

Pour Le F∴ **Délégué général** :

J. Ch. Barlet

Voir au Verso.

Diploma de la Orden Cabalística de la Rosacruz otorgado a Papus
(Doctor Gérard Encausse)

Documento particular y raro (colección Papus) de la Orden Cabalística de la Rosacruz, fundada en 1888 por el
marqués Stanislas de Guaita, uno de los más sabios y fieles compañeros de Papus (Ph. Encausse).

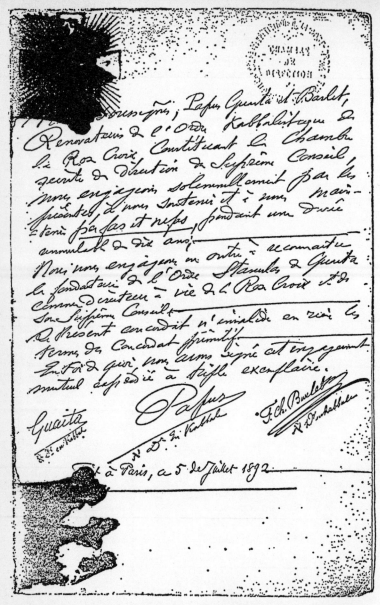

Acta de compromiso de sostén mutuo firmada el 5 de julio de 1892
entre Stanislas de Guaita, Papus y Barlet, renovadores de la Orden
Cabalística de la Rosacruz.

Péladan, después de su separación de Guaïta, fundó su propio grupo, lo que dio origen a la «guerra de las dos rosas». A la muerte de Péladan (1918), dos ramas prosiguieron su pensamiento: una en Francia con Gary de Lacroze, otra en Bélgica con Émile Dantinne (1884-1969), quien fundó la Rosacruz Universal (1918) y la Rosacruz Universitaria (Lovaina, 1923). Esta orden de nueve grados tuvo por gran maestre a Jules Rochat de l'Abbaye. Dantinne (Sar Hieronymus) mantenía excelentes relaciones con la AMORC, fundada en 1916. Spencer Lewis fue su secretario y, ambos, asociándose a Victor Blanchar, fundaron la FUDOSI en Bruselas en 1934.

Dantinne creó igualmente la orden Hermetista Tetramegista y Mística (OHTM) como una «restauración de la orden de Pitágoras».

La sociedad Joseph Péladan todavía existe.[46]

En 1900, Jollivet-Castelot había creado *La Rose-Croix*, revista que se convirtió en el órgano de la Sociedad Alquímica de Francia. Tenía por objeto «difundir los conocimientos secretos derivados de los principios del método oculto» (revista *Inconnue*, n.° 7, É. Dantinne).

Les Feuillets de la Rosace estaban dirigidos por un discípulo de Péladan, el pintor Jacques Brasilier. Esta publicación reapareció en 1939 bajo el título de *Feullets des Dunes, organe de la Rosace*. Jacques Brasilier vivía entonces en Saint-Idesbald-sur-Mer, cerca de Coxyde.

En 1959, la Orden Cabalística de la Rosacruz hizo aparecer el *Livre d'Abramelin le Mage*, según el texto de 1458, cuyo manuscrito está en la Biblioteca del Arsenal. El conjunto estaba comentado por Robert Ambelain.

En realidad, como destaca Wittemans[47] a propósito de Péladan y de Guaïta: «Los organizadores formaron esta asociación no como sucesores directos de los antiguos rosacruces sino como trabajadores espirituales para los cuales la Rosacruz sigue siendo, en la civiliación occidental, el símbolo de luz interior y del ideal del despertar espiritual de la sociedad».

Hay aún otros muchos grupos más o menos informales. Así la revista *Détective* (n.° 286 del 24 de diciembre de 1951) mencionaba la actividad de Jehan de Saint-Giniès (rue Maréchal, en Nimes), quien se proclamaba el Sar de la Rosacruz de Péladan y que tenía

F. Jollivet-Castelot, presidente de la Sociedad Alquímica Francesa y gran oficial de la Rosacruz de Francia, demostrando las doctrinas rosicrucianas para la producción de oro por transmutación (Archivos AMORC).

por secretario a Jean d'Orsay. Su superior habría sido el barón Wallace de Balzac, «delegado supremo para Europa del Agartha, del Invisible Imperio del Tíbet, de la Mongolia y del Ch'An», el cual vivía en Bruselas (residencia Malpertuis). Este grupo, que no admite a los protestantes (pues rechazan el culto de la Virgen), tiene como finalidad el dar a conocer el mundo invisible. El «papa» de la cofradía es un dalai-lama que vive en La Habana. Esta orden sería la depositaria de poderes mágicos, con fórmulas y encantamientos.

Existen también otras numerosas órdenes rosicrucianas repartidas por el mundo, pero sin representación en Francia. Entre éstas cabe citar a la Rosacruz de Oro de Dinamarca y a la de Suecia. Se encuentra el rastro de ellas en el *Who's Who in Occultism* de William C. Hartmann[48] y en la obra de Jean-Pierre Giudicelli de Cressac Bachelerie, quien ha estudiado a algunos grupos.[49]

Mención aparte merece la orden Cenobite Christique de la Rose-Croix (CCRC), grupo que desea estudiar la vida y el pensamiento de Christian Rosencreutz, así como los *Manifiestos* de 1614-1617. Su enseñanza, dispensada por correspondencia, tiene una orientación iniciática según una participación deísta. Sus tres grados (compañero rosacruz, caballero rosacruz y príncipe rosacruz) son sancionados por un diploma de hermano de la Rosacruz, lo que sin duda no es conforme al pensamiento de Christian Rosencreutz, ya que éste no extendía certificados.[50]

5. Valor iniciático de la Rosacruz

La mítica Rosacruz apareció durante la guerra de los Treinta Años. Una de sus supervivencias marca el Siglo de las Luces, cuya ideología debía preparar la Revolución Francesa y tantas otras conmociones importantes o profundas reorganizaciones humanas que han conmovido a la sociedad. Esta cofradía tan secreta contesta el orden establecido a la vez que sus reivindicaciones llegan sin embargo a devenir constructivas y concretas: de lo imaginario pasamos a lo real.

La fama nos advierte que su enseñanza está condensada en tres textos, de los cuales el primero lleva por título *Axiomata*, término filosófico que significa la clave. *Axiomata*, nos dice Bernard Gorceix,[1] designa el esfuerzo espiritual que permite extraer del conjunto de las facultades de las ciencias, de las artes, del macrocosmos, una axiomática precisa e infalible, es decir, un conjunto de proposiciones sin discusión susceptibles de resolver todos los problemas que se plantean y plantearán a la inteligencia humana.

Este sistema, el autor de *La fama* lo esboza por la imagen del círculo y de la esfera. Lo orienta, como la esfera, partiendo de un centro único. «Todos los elementos del sistema deben concordar porque la verdad es única, sucinta, siempre idéntica a sí misma.»

Veamos un pasaje esencial que revela a la vez la originalidad y la perennidad del mensaje rosicruciano: «Este mensaje efectúa la síntesis de la filosofía tradicional y de la teología, de la ciencia antigua y de la revelación neotestamentaria. Constituye el acuerdo de dos Luces: la Matemática por una parte y el Evangelio por otra parte. Implica el conocimiento de las *Rotae mundi* (ruedas del mundo), es decir, de los períodos cíclicos de la Historia. Finalmente, reagrupa la ciencia del microcosmos (el Hombre) y del macrocosmos (el Universo)».

Es casi seguro que esta fraternidad no tuvo existencia física, pero sí ha tenido una gran repercusión moral. Ha sido el sueño de una élite, de hombres de letras y de ciencias. No hay ningún informe policial que atestigüe reuniones de rosacruces: nos hallamos pues ante una creación simbólica. Así los *Manifiestos* son un gran éxito de librería puesto que reflejan una aspiración: la de la reforma de la sociedad junto con sus costumbres, su filosofía, su organización, pero también la del gobierno y principalmente de la religión. Pero al mismo tiempo estos *Manifiestos* vulgarizan la investigación alquímica; fuera del carácter político-religioso, nuestro imaginario se apasiona por este relato alegórico en el que la gran obra se desarrolla ante nosotros, en un templo secreto que nadie puede desvelar.

Pero estos diversos mensajes no se sitúan solamente en la abstracción; tienden a resolver los problemas humanos.

Según los rosacruces, el hambre, la enfermedad y la vejez pueden ser proscritos si nuestra sociedad se «rosicrucifica». La cofradía, en todas las etapas de su historia, ha llamado hacia ella a los hombres «verdaderos», a aquellos que verdaderamente quieren ver y oír, a aquellos que quieren «despertarse». Desde el 1614 la orden no ha hecho ninguna distinción de razas ni de clases sociales. Solamente anatemiza a los codiciosos, a los orgullosos y a los tontos. Comenius profetizaba: «Mediante un sistema de congreso, de encuentros permanentes, los sabios paliarán el estancamiento de los conocimientos. Las élites, morales y eruditas, devendrán naturalmente las consejeras de los príncipes. Contra más sea desvelada la verdad, más felices serán los hombres».

Ideas que nos impregnan ahora, pero que parecieron revolucionarias cuando fueron enunciadas. ¿No era abusar de la sociedad el pretender instruir a las mujeres y educarlas como a los hombres? ¿Y cómo no pensar en nuestra época en la Internacional de los Sabios, llamada también «movimiento Pugwash» en recuerdo del lugar de la primera reunión, en julio de 1957? Sabios venidos de todo el mundo se reunieron para hablar de sus investigaciones, llevadas a cabo con la finalidad de mejorar la suerte del hombre, pero, ¿no habían sido invitados por Christian Rosencreutz, el primero que quiso establecer la fraternidad de los sabios?

Esta panacea, elixir de larga vida, se obtiene alquímicamente. Se

El adepto en oración (Grabado anónimo del siglo XVII).

hace del vil metal el oro más fino, el más puro, pero a la transmutación material corresponde la transfiguración espiritual. La operación es querida por Dios. En un rincón del laboratorio hay un oratorio donde, con fervor, se reza humildemente al Señor. Contrariamente a un pensamiento que se expresa muy a menudo, el alquimista no fue perseguido por la Inquisición; solamente aquel que tenía comercio con el diablo merecía la hoguera a fin de que su cuerpo fuera purificado por las llamas.

Esta cruz ornamentada por la rosa ha sido el signo de unión de la Iglesia reformada. Frente a una religión intolerante que amasaba

Adoración de la cruz eterna.

riquezas vendiendo indulgencias, Lutero emprendió la lucha sirviéndose sensiblemente de los mismos símbolos: una cruz simple y austera que, sin embargo, es la imagen del sol; una cruz de orden cósmico, dinámica, porque, como la esvástica, puede girar y engendrar el fuego. Este signo de fuerza, de abrazo, puede sin embargo parecer bien ordinaria: un eje vertical uniendo la tierra al cielo y cortado horizontalmente por otro eje derecho, el de nuestro mundo terrestre y de nuestra simpleza. En realidad un hermoso impulso binario que, finalmente, en su sencillez figura la venida de Cristo. Sin embargo esta estilización sagrada deviene objeto de suplicio, incluso de repulsión, porque resume todo el drama de la pasión. Para que este símbolo adquiera todo su valor, es preciso añadir a los cuatro brazos de la cruz el quinto punto a fin de formar el número del hombre. La rosa efímera deviene el crisol de la Belleza, animadora de la cohesión de nuestro mundo. La rosa, gracia voluptuosa de suave perfume, cáliz de la vida misteriosa, es le femineidad en plenitud: sus pétalos son las páginas selladas del *Libro M.*; frágil, su pureza sabe eclosionar y reflejar la imagen del Amor que no puede ser destruido. Más allá de la fugacidad aparente surge lo que es eterno. Es preciso que la Dama abstracta se asocie al hombre terrestre, a la virilidad de la cruz. El dualismo de la rosa efímera, uniéndose a la cruz eterna, se reencuentra con esta Dama o Rosa que se opone a la Virgen María, cuyo culto no es reconocido por los luteranos.

La rosa, simple escaramujo, se emparenta con el pentagrama, estrella centelleante y quintaesencia de hermetistas. Lleva en su seno la delta, formada por la corona de sus anteras. Doble, es el símbolo del silencio, del secreto. Comprendemos por qué las sociedades iniciáticas tomaron esta flor como emblema. La rosa, puesta en la intersección de los dos brazos de la cruz, refleja el misterio de la iniciación.

Gracias a estos símbolos recuperamos todo el pensamiento de unos hombres prendados de fe mística y de búsqueda alquímica, la de la gran obra que permite la redención del ser humano. Estos investigadores, ávidos de Conocimiento, de Verdad, quieren realizarse en el plano de la inmanencia con las cuatro rosas terminales de la cruz, o realizarse en el plano de la transcendencia con la rosa axial. Mediante este corazón rosificado, el hombre sale del plano terrestre y alcanza el mundo cósmico.

Este Cristo en la cruz, rosa de luz, Verbo o Adam Kadmon, es también el cordero, el fénix y el pelícano que renacen del fuego,

El concierto de los metales (frontispicio del *Museum hermeticum*, Francfort, 1625).

siempre más bellos porque la gran obra alquímica se cumple. El pe-
licano, símbolo de la naturaleza húmeda, desaparece bajo los efectos del calor solar pero renace en invierno. ¿No es ésta la representación de Cristo y su resurrección? También, como el fénix, puede
abrirse los flancos, derramar su sangre a fin de nutrirnos, a nosotros
sus hijos. A través de éstos el ave accede a una nueva vida, entrando
en el ciclo de muerte y resurrección. Nos acercamos a la verdad que
es fuente de serenidad, de felicidad, de amor.

223

Casi todos los autores, al comentar los tres *Manifiestos*, establecen paralelismos con la masonería que, en aquella época, hacía tiempo que existía. Muchas logias masónicas no eran únicamente cofradías de albañiles, sino que aceptaban cada vez más a adherentes procedentes de otras profesiones y oficios que no eran el de constructor. No fue hasta 1717 cuando esas logias se reorganizaron y abandonaron toda participación en el oficio. Entre los diversos ejemplos de hombres que no trabajaban en la construcción y que, sin embargo, fueron iniciados en los ritos masónicos, se cita con razón el de Elias Ashmole, que fue recibido masón en el Lancashire en 1646. Pero lo que aquí nos interesa es que Ashmole fue con toda seguridad rosacruz, pues así lo deja entrever él mismo en su diario al declarar haber conocido a Master Backhouse, alquimista y venerable rosacruz.

Se habla también de una influencia rosicruciana en la francmasonería especulativa, quizás sobre su organización, sobre los temas filosóficos y alquímicos que impregnan sus rituales, los cuales, sin embargo, tienen todos una tendencia gremial. Esta influencia es de todos modos muy incierta sobre los rituales de los tres primeros grados, pero parece más plausible sobre los altos grados de la masonería.

Todas estas nociones son muy visibles en uno de los hermosos rituales de la masonería: el grado 18 del Rito Escocés Antiguo y Aceptado. En él encontramos la faz eterna de la Rosacruz. Es sin duda en este grado donde mejor se ha conservado aquel espíritu a la vez crístico y alquímico que aparece a partir del grado 15. El grado 7 del rito francés reflejaba la misma aspiración. Gracias a esta ascesis iniciática, el caballero rosacruz puede alcanzar simbólicamente el centro de la cruz, punto de intersección de los dos ejes que, como escribe René Guénon, es el centro de unión donde se resuelven todas las oposiciones, todas las contradicciones aparentes.

Este centro de la rosa mística es también el corazón. Así nace la verdadera fraternidad, aquella animada por la vía iniciática y que se desarrolla armoniosamente en el Amor universal.

Querer determinar unas aportaciones tangibles entre el rosicrucianismo y la masonería parece una búsqueda vana. Los conceptos de Fraternidad, de ayuda mutua y de tolerancia son comunes a ambos grupos. La masonería tiene sus raíces en un ritual de la construcción, en la edificación del Templo de Salomón, un tema que no figura en los *Manifiestos*. La curiosidad metafísica hace intervenir ciencias tales como la numerología, la astrología, la cábala, la alquimia y

Jerome Bosch, *El jardín de las delicias*, panel central (hacia 1510).
«Un sueño rosicruciano...»

muchos otros conocimientos que reflejan todos los símbolos tradicionales. En realidad, todas las sociedades iniciáticas se refieren a valores simbólicos que no pertenecen en propiedad a ninguna de ellas, pero que siempre se refieren a la Tradición original. La eventual influencia de algún grupo no presenta pues más que un interés secundario, válido sin duda en el plano histórico ya que nos permite

225

situarnos con facilidad. Pero, más seguramente, es necesario sentirse heredero de una larga tradición de arquetipos transcendentes segregados por el pensamiento simbólico, que ya ha probado su validez, y que reflejan los valores sagrados universales conduciéndonos con humildad por el camino del Despertar.

«¿De qué sirven las antorchas, la luz o los anteojos cuando las gentes no quieren ver?» (*Amphithéâtre de l'Éternelle Sapiencie*, reedición de Lyon, 1957).

Conclusión

Al finalizar este libro podemos aún preguntarnos qué son realmente esos *Manifiestos* de 1614. ¿Una farsa? ¿Una superchería? ¿El eco de un pensamiento profundo que no se transmite más que a aquel que está en disposición de comprenderlo?

Descartes, espíritu positivo, al licenciarse del ejército del príncipe Mauricio de Nassau no pudo llegar a conocer ni a un solo hermano de la Rosacruz, pero ello no le impidió dedicar a la Fraternidad una de sus obras. Para Leibniz, *Las bodas químicas* es una novela alegórica, pero se apasiona por esta «admirada quimera», como dice Thomas Vaughan, quien bajo el seudónimo de Eugenius Philalethes tradujo y comentó estos textos; a su vez, él tampoco tuvo «ninguna relación con esas gentes»...

Nos asombra igualmente que tales textos hayan podido desencadenar, desde 1614, tantas controversias. ¿Cómo es posible que tantos escritos se publicaran tan rápidamente? Tales obras, que no se dirigían más que a algunos especialistas, prueban que en realidad respondían a la aspiración del momento, en aquel ambiente de guerras de religión, cuando el hervor espiritual mantenía a todos en el temor de la amenaza de la hoguera y donde al menor desliz uno podía ser denunciado por herejía. Aquellos que defendían el mensaje rosicruciano tomaron también la precaución de afirmar que ellos no pertenecían a la Fraternidad.

Poco nos importa conocer la identidad del redactor de los *Manifiestos* puesto que éstos son la expresión de una corriente de pensamiento, el mensaje de una sociedad que quería edificarse sobre unas bases armoniosas. La caridad, la fe y la esperanza son virtudes que

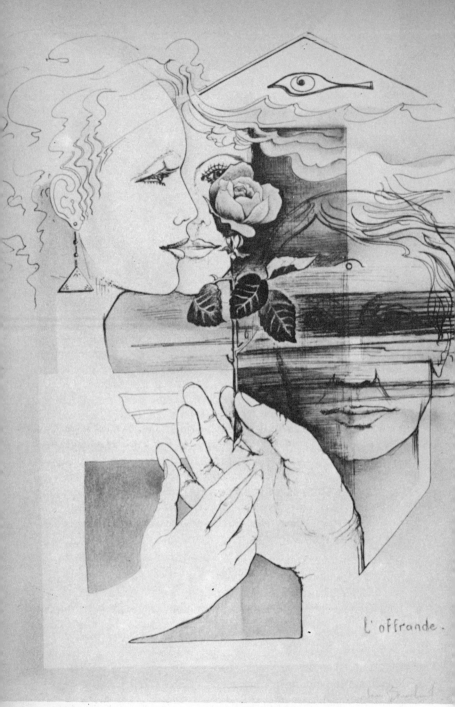

La ofrenda (dibujo de Jean Beauchard).

Rosa-resurrección de los antiguos deportados de Ravensbrück (Foto de M. Vaillant, Antibes).

tienen por sinónimo al Amor. Esta tríada resume la más sublime concepción del hombre que ha visto florecer la rosa en la cruz.

Esta búsqueda de la mejora de la sociedad llega hasta las creaciones utópicas, pero pasa por la búsqueda alquímica; este siglo se apasiona por esta ciencia hermética, sin duda con la esperanza de fabricar oro, de encontrar la curación a todos los males y de beneficiarse con el elixir de larga vida; pero, más que todo, el hombre quiere salvar su alma y busca su transformación espiritual. El alquimista es un creyente. Sabe orar. Expresa su emoción, su fervor, en un lenguaje alquímico.

Arthur Edward Wite, en su *Historia de la Rosacruz*, escribe: «Entre todos los cuerpos de la naturaleza, el rocío (en latín *ros*) era el que poseía el mayor poder disolvente sobre el oro. La cruz (o *crux*), en lenguaje alquímico, representaba la luz, *lux*, porque todas las letras de esta palabra pueden hallarse en la figura de una cruz. Pero la luz es también llamada la simiente o el menstruo del dragón rojo, luz grosera y material que, digerida y transformada, produce el oro. Si admite todo esto, el filósofo rosicruciano será aquel que busque, mediante el rocío, la luz o piedra filosofal.»

¿Puede definirse esta piedra filosofal, esta rosa en la cruz?

229

La ausencia de pruebas escritas no significa necesariamente la no existencia de un movimiento. El Sabio se calla. Su pensamiento, comentado por unos hombres del exterior, no nos llega sino deformado, sometido a fines representativos más políticos que espirituales. El Sabio continúa callándose.

Esta Fraternidad que solamente conocemos a través de los tres *Manifiestos* cargados de alegorías y de símbolos, por su forma mítica deviene real, más presente que las otras organizaciones que exhiben un pasado histórico, doctrinas, ritos.

Realidad, farsa, extravagancias que se subliman en el poder de la autoridad moral. El verbo iniciático surge de aquello que no ha sido dicho, del silencio, de lo imaginario.

Esta creación espiritual nace de su propio mito: oímos todavía un eco de la Palabra Perdida.

Este grupo informal, que no ha tenido afiliados ni lugar de reunión conocido, ni rituales, influencia a otros grupos humanos que, a partir de este pensamiento abstracto, se crean y se marcan unas reglas estrictas. Nacen de lo imaginal y devienen reales.

Recreémonos pues en los mensajes del 1614, revivamos a través del pensamiento esta fábula que vibra en nosotros y cuyo ritmo nos arrabata y nos transforma. Escuchemos los comentarios de todos esos grupos que se encomiendan e invocan.

Anexo 1
Tabla cronológica de los principales acontecimientos

1118	Fundación de la orden de los caballeros del Temple.
1163	Comienzo de la construcción de Notre-Dame de París.
1193-1280	Alberto el Grande.
1214-1294	Roger Bacon (el Alquimista)
1225-1275	Santo Tomás de Aquino
1307-1312	Proceso de los templarios
1330-1418	Nicolás Flamel
1344	Patentes reales de Enrique III de Inglaterra asegurando ayuda y protección a los alquimistas.
1380	Carlos V condena la alquimia
1493-1541	Paracelso (Teofrasto Bombasto de Hohenheim).
1507	Henri Cornelius Agripa redacta la *Filosofía oculta*.
1510	Agripa redacta sus *Comentarios* sobre los espístolas de san Pablo.
1521-1626	Francis Bacon
1536	Paracelso publica su *Pronostication*, donde revela el símbolo de la rosa y la cruz y habla de Elías Artista.
1570	Fundación presumible en Alemania de los hermanos de la Rosacruz de Oro.
1574-1637	Robert Fludd.
1575-1624	Jakob Böhme. Publica la *Aurora naciente* en 1612, en Amsterdam, y el *Mysterium magnum* (40 cuestiones sobre el alma)
1587-1654	Valentín Andreae, autor de *Las bodas químicas de Christian Rosencreutz*.

1610	Asesinato de Enrique IV.
1611	Fundación en Londres de la Laura Crucis.
1614-1616	*Manifiestos* de los Hermanos de la Rosacruz.
1615	Constitución del capítulo rosicruciano de Cassel.
1616	Contactos entre Robert Fludd, Michel Maier y Francis Bacon.
1617	Asesinato de Concini.
1618	Defenestración de Praga. Principio de la guerra de los Treinta Años.
1622	El príncipe Federico-Enrique Stadhuter de los Países Bajos recibe a los rosacruces.
1623	*Manifiesto* de la Rosacruz en París.
1626	Muerte de Francis Bacon.
1627	Asedio de La Rochelle.
1632	Descartes: *Discurso del Método*. Elias Ashmole es iniciado en la francmasonería.
1645	Creación en Londres del Invisible Colegio.
1648	Paz de Munster. Fin de la guerra de los Treinta Años.
1650	La Fronda.
1654	Muerte de Valentin Andreae.
1662	Fundación en Londres de la Royal Society.
1671	Muerte de Comenius.
1685	Revocación del edicto de Nantes.
1710	Sinceras Renatus publica las reglas de la Rosacruz de Oro. Nacimiento de Martinès de Pasqually.
1715	Muerte de Luis XIV.
1717-1723	Reunión de las cuatro logias masónicas en Londres.
1723	*Las Constituciones de Andersen*.
1730	Nacimiento de Jean-Baptiste Willermoz.
1737	Discurso de Michel de Ramsay.
1738	Clemente XII condena las sociedades secretas.
1743	Nacimiento de Louis-Claude de Saint-Martin y del conde de Cagliostro.
1749	Nacimiento de Goethe.
1750	J.-B. Willermoz es recibido francmasón.
1760	Martinès de Pasqually funda, en Toulouse, el templo de los Elegidos Cohens.
1763	Tratado de París que pone fin a la guerra de los Siete Años.
1768	Louis-Claude de Saint-Martin es recibido francmasón.
1782	Federico II de Prusia es iniciado rosicruciano.

1784	Muerte del conde de Saint-Germain.
1789	Toma de la Bastilla en París.
1804	Fundación, en París, del Rito Escocés Antiguo y Aceptado: su grado 18 se llama caballero Rosacruz.
1851	Nacimiento de Mathers.
1854	Guerra de Crimea.
1858	Nacimiento de Péladan.
1861	Nacimiento de Stanislas de Guaita. Guerra de México.
1865	Fundación, en Londres, de la Societas Rosicruciana in Anglia (SRIA).
1870	Guerra franco-alemana.
1871	La Comuna.
1873	Muerte de Bulwer-Lytton y de Elpihas Lévi.
1888	Fundación, por Guaita, de la Rosacruz Cabalística. Fundación de la Golden Dawn.
1890	Fundación, por Péladan, de la Rosacruz Católica.
1897	Muerte de Stanislas de Guaita.
1905	Aleister Crowley funda el Astrum Argentinum.
1909	Spencer Lewis crea la AMORC. Max Heindel funda la Asociación Rosicruciana.
1914-1918	Primera Guerra Mundial.
1916	Muerte de Papus.
1917	Muerte de Péladan.
1918	Muerte de Max Heindel.
1923	W. B. Yeats recibe el premio Nobel de literatura.
1934	Hitler al poder.
1939-1945	Segunda Guerra Mundial.
1947	Muerte de Crowley.

Anexo 2
El enigma del nombre de la Virgen

Recuerde que este enigma le fue planteado a Christian Rosen en la tercera jornada de *Las bodas químicas* (véase p. 42).

Leibniz, en una carta a Cochianky (26 de marzo de 1696), resuelve esta adivinanza del nombre de la Virgen. Para elucidarla, hizo corresponder las cifras al orden que ocupan las letras en el alfabeto latino. Se obtiene así: 1=A; 12=L; 3=C; 8=H; 9=I; 13=M, 9=I y 1=A, es decir, en total el número 56. La Virgen se llama pues ALCHIMIA (Alquimia). Más exactamente, como lo hace resaltar Gorceix, la solución da ALCHINIA. ¿El error de una letra sería deliberado?

Uno de mis corresponsales, el señor Patrice Vedel, tras la lectura de mi obra *La Symbolique de la Rose-Croix*, me escribió una larga carta de la cual comunico el extracto que sigue. Le cedo la palabra:

«El motivo por el que le escribo es someterle mi opinión en cuanto a la resolución del enigma relativo al nombre de la Virgen. Porque, en efecto, al hacer alusión a la misma, citan la solución propuesta por Leibniz a partir del número 55 (suma de las letras propuestas por la Virgen) y su diferencia con el número 56 (resultado de la solución), lo cual lleva a la conclusión de que quizás se trate de un error a propósito, y que el nombre sería ALCHINIA y no ALCHIMIA.

»Por mi parte he aceptado ese propósito, aunque sin darle demasiada importancia. Porque en algún lugar se dice:

»"... *Pero tú decidirás por ti mismo de tus opiniones y de tus acciones, no tomarás las palabras por ideas y te esforzarás en descu-*

234

brir la idea bajo el símbolo, y no aceptarás ninguna idea que no comprendas ni la harás tuya si no la juzgas verdadera."

»Entonces, ¿por qué retomar el descifrado de esa adivinanza que, en realidad, no es más que una simple ecuación de primer grado con multiplicaciones desconocidas. Planteemos pues esta ecuación:

»La suma de mi nombre es 55 y sólo comporta 8 letras, o sea: $S = a + b + c + d + e + f + g + h = 55$.

»La tercera es el tercio de la quinta: $c = e/3$.

»Si se suman la tercera y la sexta, se obtiene una cifra cuya raíz cuadrada rebasa en una unidad a la tercera, y que es la mitad de la cuarta:
$c + f = X$
$\sqrt{X} = c + 1 = d/2$.

»La quinta es idéntica a la séptima: $e = g$.

»La última es idéntica a la primera: $a = h$.

»Y la última, sumada a la segunda, es igual a la sexta, que a su vez es igual al triple de la tercera más cuatro: $f = b + h = (c \times 3) + 4$.

»Además, sabemos que la séptima es igual a 9.

»Y ahora, resolvamos:
$c = e/3$
$c + f = X$
$\sqrt{X} = c + 1$
$\sqrt{X} = d/2$
$e = g = 9 \dots\dots\dots\dots\dots\dots\dots\dots\dots\dots\dots\dots\dots \mathbf{e = g = 9}$
$a = h$
$f = b + h = 3c + 4$

»Inmediatamente hallamos:
$c = e/3 = 9/3 = 3 \dots\dots\dots\dots\dots\dots\dots\dots\dots\dots \mathbf{c = 3}$
$\sqrt{X} = c + 1 = 3 + 1 = 4$, o sea $\mathbf{X = 16}$
$d/2 = \sqrt{X}$, o sea $d = 2\sqrt{16} = 2 \times 4 = 8 \dots\dots\dots\dots\dots \mathbf{d = 8}$
$c + f = X$, o sea $3 + f = 16 \dots\dots\dots\dots\dots\dots\dots\dots \mathbf{f = 13}$

»Podemos inmediatamente verificar f con:
$f = 3c + 4$, o sea $13 = 3 \times 3 + 4 = 13$

»Conocemos pues:

$a = ?$	$b = ?$	$c = 3$	$d = 8$
$e = 9$	$f = 13$	$g = 9$	

»Nos quedan tres ecuaciones a resolver para las tres desconocidas a, b y h:

$a = h$

$f = b + h = 13$

$a + b + v + d + e + f + g + h = 55$

a las cuales podemos añadir una cuarta ecuación que creamos con
nuestros resultados, o sea:

$c + d + e + f + g + h = 3 + 8 + 9 + 13 + 9 = 42$

de donde:

$a + b + h + (c + d + e + f + g) = 55$

$a + b + h + 42 = 55$

$a + b + h = 55 - 42 = 13$

»O bien: $a + b + h = 13$, de donde $a + b + h = b + h$, de donde $a = 0$

»Si $a = 0$, $h = 0$ puesto que $a = h$ y $b = 13$

»Es aquí donde percibimos el escollo.

»Podemos entonces intentar reconstituir el nombre con los elementos que poseemos, es decir:

? M C H I M I ?

a b c d e f g h

»Intuitivamente podemos pensar en ALQUIMIA y, puesto que
la primera letra es igual a la última, nos da:

$a = h = 1$ y $b = 13 - a - h = 11$, pero la letra undécima es K y no L.

»Nos encontramos pues con tres posibilidades de nombre:

1) ? M C H I M I ? si nos atenemos a los datos dados;

2) A L C H I M I A intuitivamente, pero aquí, la suma de las
letras es 56;

3) A K C H I K I A siempre por intuición, pero la suma de las
letras es 55.

»El primer reflejo es la sorpresa en cuanto a la solución ALCHI-
NIA, porque no hemos encontrado sorpresa en cuanto a la sexta letra. Además, si no encaramos esta solución, la N se sitúa una letra

después de la M, o sea un valor númerico de 14, y la suma ALCHI-NIA deviene entonces: $1 + 12 + 3 + 8 + 9 + 14 + 9 + 1 = 57$, lo que nos aleja aún más de datos iniciales, por lo tanto sin gran interés.

»El segundo reflejo era la búsqueda de otro texto y verificar que los datos son exactamente los mismos: *"La cifra de mi nombre es 55 y no tiene más que ocho letras. La tercera es el tercio de la quinta* (o sea $c = e/3$), *si ella se añade a la sexta* ($c + f = X$), *forma un número cuya raíz supera a la tercera en el valor de la primera letra* ($\sqrt{X} = c + a$). *Esta raíz representa la mitad del valor de la cuarta* ($\sqrt{X} = d/2$). *La quinta y la séptima son iguales* ($e = f$), *la última es igualmente igual a la primera* ($h = a$), *y hacen con la otra tanto como la sexta* (véase anotación), *que sin embargo no tiene más que cuatro de más que tres veces la tercera* ($f = c \times 3 + 4$)". (Versión aparecida en las Éditions Anthroposophiques, en 1980, de *Las bodas químicas de Christian Rosencreutz*, Año 1459.) La elección de esta versión obedece solamente al hecho de que es la única que me he podido procurar rápidamⲉnte.

»Prosigo esta anotación: "... *y ellas hacen con la otra tanto como la sexta*", lo que puede interpretarse de dos formas, es decir:
– la primera y la última y la otra (la segunda) hacen tanto como la sexta ($a + b + g = f$)
– o bien la primera como la última añadida a la otra hacen tanto como la sexta ($a + b + f = g + b$).

»Pero he aquí que esto comienza más bien mal, sabiendo ya que nos exponemos a dar con un hueso en la resolución de la ecuación y, por añadidura, del enigma. Mas planteemos rápidamente el conjunto de ecuaciones y resolvámoslas en dos partes distintas puesto que tienen dos posibilidades:
1) Con $a + b + g = f$.
2) Con $a + b + f = g + b$.

$c = e/3$
$c + f = X$
$\sqrt{X} = c + a = d/2$
$e = g = 9$ . . . . **e = 9**
$a = h$
$f = 3c + 4$ . . . . **g = 9**
$c = e/3 = 9/3 = 3$ . . . . **c = 3**
$f = 3c + 4 = 3 \times 3 + 4 = 13$ . . . . **f = 13**
$c + f = X = 3 + 23 = 16$

$\sqrt{X} = c + a$, o sea $\sqrt{16} = c + 1$, de donde $c = 3$ . . . . **c = 3**

$\sqrt{X} = d/2$, o sea $\sqrt{16} = d/2$, de donde $4 = d/2$ y $d = 8$ . . . . . . **d = 8**

$h = a = 1$ . . . . **h = 1**

1) $a + h + b = f$, de donde $b = 13 - 1 - 1 = 11$ . . . . **b = 11**

2) $a + b = f$, de donde $b = f - a = 13 - 1 = 12$

   $h + b = f$, de donde $b = f - h = 13 - 1 = 12$ . . . . **b = 12**

»Y henos aquí con dos soluciones posibles: ALCHIMIA o AK-CHIKIA, y anotamos que solamente AKCHIKIA nos da un total de letras igual a 55 (ALCHIMIA nos da siempre 56, felizmente, por otra parte).

»AKCHIKIA es la que encontramos en "sus datos".

»Y ahora intentar especular sobre este enigma. En efecto, ¿por qué tendríamos intuitivamente que escoger ALCHIMIA? Simplemente porque el texto en su conjunto nos lleva a la alquimia, tanto por título como por su contenido alegórico. ¿Pero de quién es el texto? Se le atribuye a J. V. Andreae, quien, *a priori* no es conocido como alquimista. Pero su padre, en cambio, sí se interesó por la alquimia. Así pues, en su tesis (*La Symbolique de la Rose-Croix*, p. 46), colocando a Valentin a la cabeza de un escrito que, muy probablemente, era de su padre, o que al menos estaba en posesión de él, se hace más que seductora. Porque, ¿cómo se las arreglaría un hombre que no siendo químico *a priori* pudiera escribir un texto conteniendo tanta riqueza alegórica y que hace un texto químico, a mi entender, de gran valor porque en él parece describirse la gran obra, o al menos ciertas etapas de la misma? Para estar seguro, habría que releerla, desde luego, con una nueva mirada. Es preciso releerla, remitiéndose sobre todos a los "Amateurs de Science". Pero volvamos al padre. Éste parece interesarse por la alquimia, pero no parece haber dejado su nombre, al menos que yo sepa, en su historia. ¿No prefiere Llull que sus obras químicas aparezcan después de su muerte, no encarga Lascaris a Bottger que pruebe la realidad de sus transmutaciones, y Zacarías, Basilio Valentín, Filaleto y Fulcanelli no permanecen en el anonimato más completo puesto que hoy en día su identidad continúa siendo un misterio? ¿No encargó Fulcanelli a Canseliet que se ocupara de la publicación de sus obras?

»Nos está permitido pensar, pues, que el autor de *Las bodas químicas de Christian Rosencreutz* era un adepto que quiso dejar un escrito para los futuros investigadores, aun conservando el anonimato, para respetar así un viejo precepto alquímico: *"el adepto será dis-*

creto y silencioso", pues la elección de lenguaje alegórico representa el respeto del silencio. Pero, si admitimos esto, ¿podemos reconsiderar el problema del enigma para, quizás, buscar otra cosa que no sea un poco de descifrado dejado a la sagacidad del lector?

»He aquí pues, querido señor, algunas reflexiones las cuales quería compartir con usted y que, en parte, tienen su origen en su libro.»

Patrice Vedel

Señalemos que la revista *Atlantis* (n.° 339, agosto 1985, p. 359) da también una interpretación numérica a este enigma.

Notas

Introducción

1. A menudo puede encontrarse este nombre con la ortografía Rosen-
kreuz.

1. Los tres «Manifiestos» alemanes

1. *La Bible des Rose-Croix*, Presses Universitaires de France.

2. Pese a que Bernard Gorceix haya traducido Inglaterra, preferimos la
versión de Coro, que escribe *Engelland*. Paul Arnold, en su *Histoire des Rose-
Croix* (p. 30), resalta la ambigüedad entre Engel-land (tierra de los ángeles) y
England (Inglaterra).

3. ¿Se trata del libro *Hermeticu*, donde se consideraba a Hermes como el
maestro de la cábala en el siglo de Andreae?

4. Parece que la voz alemana *«Nortfolgt»* designa a la antigua familia
de los «Norfolk», descendientes de Tomás Plantagenet, hijo de Eduardo I y de
Margarita de Francia.

5. Se trata de Paracelso, de «Theophrastus Paracelsus von (ab?) Hoben-
beim». Así se confirma el lugar que ocupa el médico suizo (1493-1541) en los
tratados.

6. Esta última fórmula, muy oscura, tal vez un criptograma, ha sido diversamente interpretada.

7. Quien la relata en su *Histoire des Rose-Croix*, París, 1925.

8. *Op. cit.*

9. *Études sur la franc-maçonnerie et le compagnonnage*.

10. *Formes traditionnelles et cycles cosmiques*, NRF, pp. 133-136 y 140-
144).

11. *L'Erreur spirite*, Editions Traditionnelles, pp. 118, 223.

12. Números 307 al 311 (abril-octubre 1953).
13. «Ritual del Soberano Gran Inspector».
14. *La Lengua de los Ángeles y el Zodiaco*.
15. Ver también Frances A. Yates, *La Philosophie occulte à l'époque élisabéthaine*, Dervy-Livres, 1987.

2. La primera generación de los adeptos de la Rosacruz

1. *Histoire de la Magie*.
2. Jacob Andreae fue rector de la universidad protestante de Tubinga.
3. Editor de las *Obras completas* de Descartes, en 1937.
4. *La Vie de Monsieur Des Cartes*, 2 volúmenes, 1691.
5. *Les Rose-Croix*.
6. *La Lumière des Rose-Croix*, p. 287.

3. Los movimientos rosicrucianos del siglo XVIII

1. *Aperçus sur l'initiation*, cap. XXXVIII.
2. *La Franc-Maçonnerie templière et occultiste*, p. 147.
3. *Sacres et couronnements royaux*, Guy Trédaniel.
4. Roland Guy, *Goethe franc-maçon*, ABI, 1974.
5. *L'Ésoterisme au XVIIIe siècle*, Seghers.
6. Véase la revista *La Tour Saint-Jacques*, 1960 («L'Illuminisme»).
7. *Op. cit.*, p. 642, y *Les Illuminés de Bavière et la Franc-Maçonnerie*.
8. *Eckartshausen*, p. 73.
9. *Un thaumaturge au XVIIIe siècle: Martinès de Pasqually*, 2 tomos, Derain, 1938.
10. *Études sur la Franc-Maçonnerie et le Compagnonnage*, t. I, p. 61.
11. *Op. cit.*, p. 283.
12. Frente al martinismo, creado por Papus en 1887 bajo la inspiración de Louis Claude de Saint-Martin, existe el martinesismo o willermosismo, inspirado en la orden de los Elegidos Cohens; se encuentra también una orden Martinista-Martinesista que une las dos aspiraciones.
13. Alias Werner Gerson, *Le Nazisme, société secrète*, pp. 178-182.
14. *Les Magiciens de Dieu*, pp. 21-99.
15. *Le Comte de Cabalis*, 1670.
16. *Cagliostro*, Arthaud, 1966, y *Cagliostro, homme de lumière*, Éditions Philosophiques, 1981.
17. Ya he tratado este tema, con algunas otras referencias, en *La Symbolique de la Rose-Croix*, Payot).
18. Le Forestier, *op. cit.*, p. 561.
19. Véase Jean de Moura y Paul Louvet, *Saint-Germain le Rose-Croix inmortel*, Gallimard, 1934, Flammarion/J'ai Lu, 1969.
20. *Le Comte de Saint-Germain*, Chacornac Frères, 1947.

21. Véase *Sortilegios del verbo*.
22. *Op. cit.*, p. 544.
23. *L'Ésoterisme au XVIIIe siècle*.
24. *Le Grande Triade*.

4. Los movimientos rosicrucianos en los siglos XIX y XX

1. Jean-Pierre Bayard, *Le Guide des Sociétés secrètes*, cap. III, «Rose-Croix».
2. Véase Roger Cotte, *Musique et symbolisme*, Éditions Dangles.
3. Jean-Pierre Bayard, *Le Guide des Sociétés secrètes*, artículo «Martinisme», p. 78.
4. Ambos publicados, en francés, por Éditions Dangles.
5. Obra actualmente agotada.
6. Reeditado por Éditions Bélisane.
7. Véase el séptimo parágrafo del mismo capítulo.
8. Chacornac Frères, 1926.
9. Ediciones de la revista *Demain*, Bruselas, p. VI.
10. Número 6, pp. 193-209.
11. *Cahiers Travaux Villard de Honnecourt*, n.º XII, 1976, pp. 31-58.
12. Reeditado en Francia por Robert Laffont, 1975.
13. Éditions Culture, Arts et Loisirs.
14. Revista *La Tour Saint-Jacques*, n.ºs 2, 3 (1956), 11 y 12 (1958).
15. Véanse *La synbolique de la Rose-Croix* y la *Guide des Societés secrètes*.
16. *Le Nazisme, société secrète*.
17. *Les Franc-Juges de la Sainte-Vehme*.
18. 5105 Figueras st, California, 9042 EEUU.
19. 19, rue Turgot, París IXe.
20. 88, rue Saint-Éloi, 60350 Cuise-la-Motte.
21. 1872; reeditado por Éditions Le Prat, 1969.
22. Thelema Publishing OTO, Jaf 7666, Nueva York, NY 10116, EEUU.
23. Véase Jean-Pierre Bayard, *Le Guide des Societés secrètes*, p. 88.
24. En la *Guide des Societés secrètes* ya he evocado el papel representado por Spencer Lewis en diversos grupos esotéricos que se reunían en 1908 alrededor de Papus y, después, en torno a Dantinne. Lewis, que buscaba su camino, conoció y participó en gran número de sociedades.
25. *Les Rose-Croix ou le complot des Sages*, CAL, Grasset, p. 226.
26. CIRCES, 22, rue Beaunier, 75014 París. Véase la *Guide des Societés secrètes*, p. 212.
27. 8, rue Copernic, 75016 París.
28. 80 avenue J.-B. Depaire.
29. Véase la obra de Lucienne Julien, *Cathares et catharisme*, Éditions Dangles.
30. Rozekruis-Pers France, 33 route de Belfort, Aspach-le-Bas, 68700 Cernay y BP 65, 75824 París Cedex.

31. Lectorium Rosicrucianum, Bake Nessergracht 11-13, Haarlem, Países Bajos.

32. Rozekruis-Pers Belgique, Lindelei 12, B-9000 Gante, Bélgica.

33. Lectorium Rosicrucianum, Foyer Catharose de Petri, CH-1824 Caux, Suiza.

34. Se puede leer sobre este tema el número 31 de los *Cahiers d'études cathares*, 1957.

35. Roger Caro, BP 11, 83270 Saint-Cyr-sur-Mer.

36. Véase *Les Rose-Croix ou le complot des Sages*, CAL, 1971.

37. En *La Symbolique de la Rose-Croix*, p. 225.

38. Éditions Trédaniel, 1988.

39. Éditions Perrin, 1988.

40. *La serpiente del Génesis*, II, p. 261.

41. *La Symbolique du feu*, Éditions Trédaniel, pp. 132-136.

42. Marc Pluquet ha consignado sus recuerdos y sus enseñanzas en una obra por publicar.

43. Postfacio a la reedición de *Magia Sexualis*, Éditions Guy Le Prat, 1969.

44. Véase *La Symbolique de la Rose-Croix*, p. 228.

45. Jean-Pierre Bayard, *Le Guide des Sociétés secrètes*.

46. 22, rue Beaurepaire, 75010 París. Jean-Pierre Bonnerot es uno de sus animadores (200, rue Saint-Jacques, 75005 París, y 102, rue Legendre, 75017 París.

47. *Histoire des Rose-Croix*, p. 161.

48. The Occult Press, Jamaica, EEUU, 1927.

49. Véase su obra *Pour la Rose rouge et la Croix d'or*, Axis Mundi, 1988.

50. El CCRC (10, rue de l'Ours, B.P. 2061, 68059 Mulhouse Cedex) se anuncia en revistas.

5. Valor iniciático de la Rosacruz

1. *Op. cit.*

Bibliografía

Como complemento de las obras citadas a lo largo del presente estudio, a continuación indicamos los principales libros para una más profunda investigación sobre el tema.

AMBELAIN, ROBERT, *Templiers et Rose-Croix*, Aydar, 1955.

ANDREAE, JOHANN VALENTIN, *Les Noces Chymiques de Christian Rosencreutz* (Introducción, notas y traducción de Serge Hutin), Éditions du Prisme, 1973.

ARNOLD, PAUL, *Histoire des Rose-Croix et des origines de la franc-maçonnerie*, Mercure de France, 1955; *La Rose-Croix et ses rapports avec la franc-maçonnerie*, Maisonnneuve et Larose, 1970.

BAYARD, JEAN-PIERRE, *La Symbolique de la Rose-Croix*, Payot, 1975; «La Rose-Croix», artículo en el *Dictionnaire des sociétés secrètes* de Pierre Mariel, CAL y Grasset, 1971; *Les Rose-Croix*, M. A. éditions, 1986; *Le Guide des Sociétés secrètes*, Philippe Lebaud, 1989.

BAYARD, JEAN-PIERRE, y MONTLOIN, PIERRE, *Les Rose-Croix ou le complot des sages*, CAL y Grasset, 1971.

Cahiers du Pélican, Narcisse Flubacher, 39, chemin des Sellières, CH-1219 Le Lignon/Ginebra, Suiza.

CAILLET, SERGE, «Sâr Hieronymuy et la FUDOSI», en *Documents Martinistes*, París, 1984; *La Franc-Maçonnerie égyptienne de Menphis-Misraïm*, Cariscript, 1988.

DANTINNE, ÉMILE, «De l'origine islamique de la Rose-Croix», en *Revue Inconnues*, n.° 4, Lausana.

DUCHAUSSOY, JACQUES, *Mystère et mission des Rose-Croix*, Le Rocher, 1981.

EDIGHOFFER, ROLAND, *Les Rose-Croix*, PUF, Que Sais-Je?, n.° 1.980, 1982; *Rose-Croix et société idéale selon Johann Valentin Andreae*, tesis doctoral.

FACON, ROGER, *Les Rose-Croix vont-ils en enfer?*, Veyrier, 1989.

FAIVRE, ANTOINE, *Kïrchberger et l'Illuminisme du XVIIIᵉ siècle*, Martinus Hijhoff, La Haya, 1966; «L'Ésoterisme chrétien du XVIᵉ siècle», en *Histoire des religions*, t. II, La Pléiade, NRF, p. 2.321; *Accès à l'ésotérisme occidental*, NRF, 1988.

FRÈRE, JEAN-CLAUDE, *Vie et mystères des Rose-Croix*, Mame, 1975.

GALTIER, GÉRARD, *Maçonnerie égyptienne, Rose-Croix et néochevalerie, les fils de Cagliostro*, Le Rocher, 1989.

GARDNER, F. LEIGH, *Rosicrucian Books*, Londres, 1923.

GORCEIX, BERNARD, *La Bible des Rose-Croix*, PUF, 1970.

GUÉNON, RENÉ, *Aperçus sur l'initiation*, Éditions Traditionnelles, 1953; *L'Ésoterisme de Dante*, NRF, 1957.

GUIDICELLI DE CRESSAC-BACHELERIE, JEAN-PIERRE, *Pour la rose rouge et la Croix d'Or*, Axis Mundi, 1988.

HARTMANN, FRANZ, *Ros-Croix et alchimistes*, Librairie de l'art indépendant, 1920; *Une aventure ches les Rose-Croix*, 1893, traducción de K. F. Gaboriau, Chacormac, 1913; reedición en l'Or du Temps, 1989.

HEINDEL, MAX, *Cosmogonie des Rose-Croix*, *Le message des Rose-Croix* e *Histoire des Rose-Croix*, Éditions JEP; *Le Christianisme de la Rose-Croix*, Leymarie.

HUTIN, SERGE, *Histoire des Rose-Croix*, Le Courier du Livre, 1955 y 1962.

JOLY, ALICE, *Un mystique lyonnais et les secrets de la franc-maçonnerie: Jean-Baptiste Willermoz*, Macon, 1938, Deneter, 1986.

LE FORESTIER, RENÉ, *La Franc-Maçonnerie templière et occultiste*, Aubier, 1932 y 1970.

LENNEP, JACQUES VAN, *Alchimie*, Crédit communal, Bruselas, 1984.

LÉVI, ELIPHAS, *Dogmes et rituels de la Haute Magie*, Mussière, 1972.

LEWIS, H. SPENCER, *Rosicrucian Principles*, San José, California, 1950.

MARIEL, PIERRE, *Secrets et mystères de la Rose-Croix*, Le Prisme, 1970. Ver igualmente en Bayard. En colaboración con Ravignat, Patrick, *Les Maîtres spirituels*, CAL y Grasset, 1972

MACINTOSH, CHRISTOPHER, *La Rose-Croix dévoilée*, Dervy-Livres, 1981.

MONEREAU, MICHEL, *Les Secrets hermétiques de la franc-maçonnerie et les rites de Menphis-Misraïm*, Axis Mundi, 1989.

Mutus Liber: l'Alchimie et son livre muet, Jean-Jacques Pauvert, 1967.

NOUVEAU PIOBB, N. F., *La Rose-Croix johannite*, Ommium Littéraire, 1960.

RIBADEAU DUMAS, FRANÇOIS, *Les Magiciens de Dieu*, Robert Laffont, 1970; *Cagliostro, homme de lumière*, Éditions Philosophiques, 1981.

RIJCKENBORG, J. VAN, *Philosophie élémentaire de la Rose-Croix moderne*, Rozekruis Pers Haarlen, 1981.

SÉDIR, *Histoire des Rose-Croix*, Amitiés spirituelles, 1933; *Les Rose-Croix*, Amitiés spirituelles.

STEINER, RUDOLPH, *Théosophie du Rose-Croix*, Éditions Anthroposophiques romandes.

TRIACA, UBALDO, *Le Nouveau Livre des Rose-Croix*, 1938.

VILLARD DE HONNECOURT, *Loge nationale des recherches*, n.ᵒˢ 13 y 15.

VULLIAUD, P., *Les Rose-Croix lyonnais au XVIIᵉ siècle*, Nourry, 1929.

WITTEMANS, F., *Histoire des Rose-Croix*, Adyar, 1925.

YATES, FRANCES A., *The Rosicrucian Enlightment*, Kegan Paul, Londres, 1972; *La Philosophie occulte*, Devry-Livres, 1987; *La Lumière des Rose-Croix*, CAL, 1978.

Índice

MISTERIOS HISTÓRICOS

El poder existente tras la Lanza que desgarró el costado de Cristo... fue utilizado por Hitler en su apuesta por conquistar el mundo.

La leyenda afirma que hace 2.000 años se utilizó la Lanza del Destino para desgarrar el costado de Cristo. Desde entonces, la Lanza quedó investida de poderes ocultos que podían ser usados para el bien y para el mal... Este libro establece la extraña lista de propietarios de la Lanza, de Herodes el Grande y Carlomagno a Adolfo Hitler, y describe cómo utilizaron su poder para influir en la Historia desde el ocaso del Imperio romano hasta nuestros días.

El pacto satánico documenta por primera vez, de manera exhaustiva, los detalles de la vinculación de Hitler con las sociedades secretas del III Reich, y su práctica de la magia negra para tratar de conquistar el mundo.

ISBN: 84-7927-013-6

En este libro apasionante, John Hogue va desvelando las profecías de Nostradamus que la Historia ha confirmado, así como los vaticinios de lo que nos depara el destino en los próximos años.

* Profecías sobre la Revolución Francesa y Napoleón.
* Profecías sobre el siglo XX: las dos guerras mundiales; auge y caída del comunismo; la crisis del 29; el asesinato de los hermanos Kennedy; la exploración lunar; la plaga del SIDA...
* Profecías del futuro: la desintegración del papado; el Anticristo; las catástrofes naturales; la Tercera Guerra Mundial; una nueva era....
Ilustrado a todo color.

ISBN: 84-7927-020-9

El libro que predijo la crisis del Golfo.

¿Qué nos depara el futuro?

NEW AGE

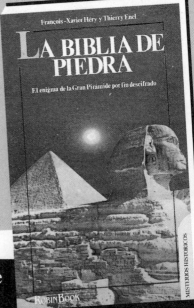